W0177513

JOSEF GIGER-BÜTLER

WENN MENSCHEN
STERBEN WOLLEN

*Mehr Verständnis für
einen selbstbestimmten Weg
aus dem Leben*

KLETT-COTTA

Dieses Werk wurde vermittelt durch Aenne Glienke/Agentur für
Autoren und Verlage, http://www.aenneglienkeagentur.de

Klett-Cotta
www.klett-cotta.de
© 2018 by J. G. Cotta'sche Buchhandlung
Nachfolger GmbH, gegr. 1659, Stuttgart
Alle Rechte vorbehalten
Printed in Germany
Cover: Rothfos & Gabler, Hamburg
unter Verwendung eines Fotos von © Shutterstock
Gesetzt von Kösel Media GmbH, Krugzell
Gedruckt und gebunden von CPI – Clausen & Bosse, Leck
ISBN 978-3-608-96184-3

Bibliografische Information der Deutschen Nationalbibliothek
Die Deutsche Nationalbibliothek verzeichnet diese Publikation in der
Deutschen Nationalbibliografie; detaillierte bibliografische Daten
sind im Internet über http://dnb.d-nb.de abrufbar.

INHALT

EINLEITUNG 9

1 DER SUIZID ALS TABUTHEMA 29
Leben dürfen und leben müssen 30
Glaubenssätze und erste Antworten 37
Die Sprache verrät den Standpunkt und
beschämt 43
Auch der selbstgewählte Tod ist ein
würdiger Tod 47

2 WÜRDEVOLLES STERBEN 51
Selbstbestimmung und Verantwortung
für sich selbst tragen 52
Den letzten Schritt nicht versteckt und
allein gehen müssen 58

3 WAS IST EINE DEPRESSION? 69
Depressive Müdigkeit und Lebensmüdigkeit 73
Der depressive Mensch ist nicht unzurechnungs-
fähig 77

4 DEPRESSION UND SUIZID 79
Fatale Schlussfolgerungen 83

5 DIE DEPRESSIVEN MUSTER
UND DER SUIZID 97
Weshalb so wenig Depressive tatsächlich
Suizid begehen 103
Wer sein Leben nicht lebt 108
Erfahrungen eines Therapeuten 112

6 DER ENTSCHLUSS ZUM SUIZID 121
Suizid ist für depressive Menschen keine
spontane Entscheidung 123
Der kurze Weg in den Suizid des
Nichtdepressiven 126

7 ALTER UND SUIZID 131
Den Weg des Suizids zu gehen ist auch
für alte Menschen schwierig 132
Alter als »Defizit und Schwäche« 137
Gründe für einen Suizid im Alter 141
Der Nachahmungsdruck – herbeigeredet 148

8 VERSTEHEN 155
Es gibt ein Verstehen vor und nach dem Suizid ... 157

9 DER LETZTE SCHRITT 161
Der Todeswunsch 162
Was das freiwillige Ausscheiden aus dem Leben
erleichtert 166
Mit sich ins Reine kommen 168

10 DER BEGLEITETE SUIZID 177
Ein persönliches Plädoyer...................... 195

11 DIE ANGEHÖRIGEN 205

12 DAS GESPRÄCH MIT DEM SUIZIDALEN
MENSCHEN 213

WEITERFÜHRENDE LITERATUR 225

EINLEITUNG

Es gibt heute wohl kaum ein Thema, das so kontrovers behandelt wird wie der Suizid. Dabei geht es zu wie auf einem Schlachtfeld. Da wird mit Vehemenz und Engagement diskutiert und gestritten. Da wird alles in den Kampf geworfen, wissenschaftliche Belege, Erfahrungen, die Moral, und selbst der liebe Gott muss noch herhalten. Es darf sehr wohl unterschiedliche Positionen und Einstellungen geben. Die Achtung aber vor der Einmaligkeit und Integrität des Menschen verlangt einen differenzierten Umgang mit diesem Thema. Nur mit Respekt und Wohlwollen ist es möglich, dem Suizid gerecht zu werden und ihn in einer Form zu behandeln, die ihm auch zusteht. Niemand hat die Wahrheit gepachtet, und es geht immer um den einzelnen Menschen, der diesen letzten Schritt macht. Der Einzelne und seine Würde stehen über allem anderen, auch über jeder Ideologie.

Bei der Diskussion um den Suizid geht es um grundsätzliche Positionen und Haltungen. Da geht es um das Letzte und Größte, um Leben und Tod, was wiederum die Heftigkeit der Diskussion verständlich macht. Aber zuerst sollte man versuchen, vorurteilsfrei auf die Menschen zuzugehen, die den Weg des Suizids gegangen sind oder gehen wollen, und sich die Mühe machen, sie zu *verstehen:* Weshalb machen sie diesen Schritt, weshalb wählen sie zum Abschluss ihres Lebens oder, um eine pathetischere Formulierung zu gebrauchen, zur Vollendung ihres Lebens einen Weg, der schwieriger und belastender nicht sein könnte und mit dem sie sich im Nachhinein oft einem großen Maß an Ablehnung und Verurteilung aussetzen?

Wer sich mit diesem Thema befasst, hat eine bestimmte Haltung, und wer dazu noch darüber schreibt, eine ganz bestimmte Absicht. Auch ich habe eine klare Haltung, eine, die ich in diesem Buch vertreten und erklären will. Es geht mir ganz wesentlich um die Souveränität und Würde des Menschen und das heißt, dass diese Werte für mich über allem stehen und sich niemand das Recht herausnehmen darf, diese dem Menschen wegzunehmen – vor allem nicht, wenn es um das Abschließen seines Lebens geht. Es geht um die Einmaligkeit seines Lebens und um die Einmaligkeit seines Sterbens und es geht darum, dieses Leben in seiner Ganzheit – wozu auch das Sterben gehört – als etwas zutiefst Menschliches zu sehen und zu akzeptieren. Menschsein heißt *sein* Leben und *sein* Sterben zu leben und menschlich ist ein Leben, wenn auch das Sterben in dieser *Einmaligkeit* stattfinden darf.

Wie schwierig das Thema Suizid ist, wie belastet und mit Ideologien und Vorurteilen und Ängsten befrachtet, zeigt sich nicht zuletzt, wenn es um den freiwilligen Tod depressiver und alter Menschen geht, mit dem sich dieses Buch hauptsächlich beschäftigen wird. Ihre Entscheidung für den Freitod wird heute von den meisten Fachleuten und Laien als »krank« und verantwortungslos angesehen. Es wird ihnen unterstellt, dass sie nicht fähig seien, vernünftig zu denken, und deshalb auch nicht in der Lage, einen verantwortungsvollen Entschluss zu fällen.

Dabei sind gerade sie es, die verantwortungsvoll und überlegt ihren Tod planen und durchführen und die ein würdevolles Sterben verdienen.

Weil aber sowohl den depressiven wie den alten Menschen mit dem gleichen Unverständnis begegnet wird und beiden die Fähigkeit zum verantwortungsbewussten und klaren Denken und Handeln abgesprochen wird, nehme ich sie gemeinsam in diesem Buch auf. Beiden wird letztlich aus den gleichen Gründen der Weg zum begleiteten Suizid verbaut. Den einen unterstellt man eine Krankheit und den anderen altersbedingte Unzurechnungsfähigkeit, mit anderen Worten, debil zu sein oder bestenfalls senil. Wenn sie freiwillig aus dem Leben scheiden wollen, zwingt man sie mit einer solchen Haltung, den kalten, brutalen und Menschen verachtenden Weg zu gehen. Wie alle anderen Menschen verdienen aber auch sie es, ernst genommen und als mündige und eigenverantwortliche Menschen behandelt zu werden. Auch wenn man vorgibt, sie vor sich schützen zu müssen, und sagt, dass alles, was man zu diesem Zweck unternimmt, nur ihnen zugutekomme, zeugt eine solche Haltung meiner Ansicht nach nicht nur von Respektlosigkeit, sondern kommt einer Demütigung und Entmündigung gleich. Deshalb ist es für mich naheliegend, die depressiven und die alten Menschen zusammen zu betrachten. Für mich stehen sie für alle diejenigen, die bewusst und freiwillig ihr Lebensende selbst bestimmen wollen und denen man den Weg zum assistierten Suizid versperrt. Jedes Sterben ist ein höchst persönliches Sterben. Ich erachte es deshalb als falsch und diskriminierend, wenn man nicht den einzelnen Menschen über seine Todesform entscheiden lässt und nicht er bestimmen kann, was für ihn ganz persönlich Sterben in Würde ausmacht. Ich werde mich noch einige Male in dieser starken Formulierung äußern, weil ich es anmaßend finde, dass man so über Menschen hinweggeht und sich so in ihr Leben einmischt. Ich bin der festen Überzeugung, dass niemand dazu ein Recht hat.

»Wir nehmen sie schon ernst, aber in diesem Punkt sind sie überfordert. Da müssen wir für sie denken und sie vor sich schützen«, heißt es, sowohl von den Fachleuten als auch von den Laien. Eine solche Haltung kann als wirkliche Sorge um den betreffenden Menschen gesehen werden, aber auch als Bevormundung und als Übergriff. Denn selbst wenn etwas gut gemeint ist, heißt es ja noch lange nicht, dass es auch gut und richtig ist. Es wäre diesen Menschen zu gönnen, wenn ihrer Entscheidung grundsätzlich Vertrauen und Wohlwollen entgegengebracht würde und ihr Sterben nicht zuerst durch eine Brille von Misstrauen und Argwohn betrachtet würde.

Der freiwillige Tod ist ein zentrales Thema sowohl für alte wie auch depressive Menschen, auch wenn ihn schlussendlich nur sehr wenige wählen. Warum in diesem Zusammenhang besonders auch der *begleitete Suizid* ein Thema ist, möchte ich anhand des letzten Wegstückes in ihrem Leben, wenn sie sich für den Suizid entscheiden, später genauer aufzeigen. Denn in diesem letzten Lebensabschnitt wird ihnen immer klarer bewusst, dass für sie auch ein Weg infrage kommen könnte, der sie nicht wie der kalte und brutale Freitod demütigt und einsam sterben lässt. So ein Weg, wenn auch unvollkommen und irgendwie fremd, ist der assistierte Suizid.

Anders verhält es sich bei Menschen, die sich aus einer akuten Notsituation in den Tod flüchten. Die meisten suizidalen Menschen, die aus einem Affekt, aus einer Panik oder einem Überdruck heraus agieren, suchen kein Gespräch mit ihren Nächsten und Angehörigen. Die Betroffenen ziehen sich zurück, machen alles mit sich selbst aus und getrauen sich nicht, sich einem anderen Menschen anzuvertrauen. Genau das, worüber sie sprechen müssten, hat sie ja in diesen Ausnahmezustand versetzt. Sich zu öffnen ist ihnen so verbaut und sich einem anderen anzuvertrauen wird unmöglich. Für sie gibt es keine andere Lösung der Probleme als den Suizid. Sie sind in ihrem von Panik und Ausweglosigkeit gesteuerten Denken ganz und gar eingeengt und nicht offen für neue Perspektiven oder andere Lösungen. Es gibt wahrscheinlich kaum eine größere Verzweiflung und Einsamkeit als die, in der sich diese Menschen befinden. Für sie wäre das Gespräch wichtig und notwendig, weil immer noch eine andere Lösung denkbar wäre, auf die sie in ihrem Zustand der Belastung und Verschlossenheit selbst nicht kommen können. Jeder Mensch, der diesen Weg wählt, sei es aus Verzweiflung oder zum Schluss auch als Resultat intensiven Nachdenkens, hat ein Anrecht auf Verständnis und Achtung. Verurteilen und Kritisieren wird auch diesen Menschen alles andere als gerecht.

Sie haben diesen Weg aus einer inneren Not heraus gewählt und sind ihn bis zum Ende gegangen. Auch diesen Freitod, der sicherlich nicht immer aus einem freien Willen und gründlicher Reflexion gesucht wurde, gilt es zu akzeptieren, so schwer es auch fällt. Nochmals: Jeder Mensch, der den freiwilligen Tod sucht, aus welchen Motiven heraus auch immer, verdient Achtung und Respekt. Menschen, die so ihr Leben beenden, getrieben von Panik, unendlicher Angst und unter immensem innerlichem Druck, verdienen ihn besonders. Da ist jegliche nachträgliche Belehrung fehl am Platz.

In diesem Buch möchte ich mich auf den freigewählten Suizid beschränken, den Menschen ohne inneren und äußeren Druck begehen, also wirklich frei und freiwillig. Am Beispiel der depressiven und alten Menschen lässt sich aufzeigen, wie menschlich und einmalig ein solcher frei gewählter Tod sein kann und dass die, die ihn wählen, das Recht haben, in ihrer Entscheidung akzeptiert zu werden. Sie sollen den letzten Schritt mit der Sicherheit und dem Vertrauen beschreiten können, dass sie deswegen nicht geächtet werden und dass man deswegen nicht schlecht von ihnen denkt und das Andenken an sie nicht getrübt wird. Ich möchte in diesem Buch zeigen, dass sie, wie alle anderen Menschen auch, das Recht auf einen selbstgewählten Tod haben. Sie sollen das tun dürfen, was sie in voller Verantwortung tun wollen. *So wie jeder Mensch das Recht auf Leben hat, so soll jeder auch das Recht auf sein Sterben haben, und so wie jeder in Freiheit und Verantwortung sein Leben gestaltet, so soll jeder auch sein Sterben frei und in Verantwor-*

tung wählen und gestalten dürfen. Das gehört zum Menschsein und dafür soll keiner kämpfen oder sich rechtfertigen und entschuldigen müssen.

Der Suizid ist eine mögliche Form des Sterbens, die heute von einer kleinen, aber steigenden Anzahl von Menschen gesucht und gewählt wird. Mit andern Worten: Immer mehr Menschen wollen über ihren Tod selbst bestimmen. Gerade auch deshalb soll und darf der Suizid kein Schritt sein, den die Betreffenden verstecken und die Angehörigen später verheimlichen müssen. Man soll zu ihm stehen und ihn als legitime und akzeptierte Form des Sterbens betrachten dürfen. Wenn Menschen für sich diese Form des Sterbens wählen, wenn sie sich für eine solche Form ihres Lebensendes entscheiden, ist es ein Akt, der Respekt verdient, ob man ihn persönlich nun billigt oder nicht, ob man ihn für sich selbst wählen würde oder nicht. Ich kann auch all diejenigen verstehen, die sich um Verständnis bemühen und es doch nicht schaffen. Auch mir gelingt es nicht immer, auch ich muss immer wieder darum kämpfen. Ich bin kein Verfechter des Suizids, kein Kämpfer für den Freitod. Mir geht es einzig und allein um die Menschen, für die dieser Weg der einzige und richtige ist. Sie haben meiner Meinung nach das Recht, dass man ihren Entschluss als den eines mündigen und selbstverantwortlichen Menschen anerkennt und respektiert und nicht als Reaktion eines verwirrten und kranken Menschen abtut.

Der Suizid ist ein klarer und einzigartiger Weg, sein eigenes Leben auf bestimmte Weise zu leben, indem man es willentlich und frei gewählt beendet. Suizid ist in seiner definitiven Art, in seiner Absolutheit und Einmaligkeit außergewöhnlich und mit nichts anderem zu vergleichen. Mit der Form und dem Weg seines Abschlusses betont er die Einmaligkeit dieses einen Lebens. Jedes Sterben ist einmalig und jeder Tod etwas Besonderes. Aber ein solcher Schritt ist schwierig und komplex, sodass man ihn nicht einfach nur so gehen kann, sondern es sehr viel bedarf, ihn auch zu Ende zu führen. Je besser man die Menschen auf ihrem letzten Weg versteht, desto besser gelingt es, dem Suizid das Bedrohliche und Fremde zu nehmen. Der Tod ist etwas Menschliches und Normales, ebenso der Suizid als eine Form des Sterbens. Das so zu sehen, verhilft auch zu einem unverkrampfteren und weniger dogmatischen Umgang mit ihm.

Der Tod ist nicht das Gegenteil vom Leben, sondern der Abschluss oder die Vollendung des Lebens, und beides soll auch stimmig und ehrlich und wahrhaftig sein dürfen. *Der Suizid und das Sterben haben mehr mit dem Leben zu tun als mit dem Tod. Sich das Leben nehmen bedeutet, den Lebensweg auf freiwillige und selbstverantwortliche Weise zu Ende gehen, oder noch besser: zu Ende leben.* Mit dem Tod endet die letzte und deshalb über alles entscheidende Lebensphase. Er ist einerseits Abschluss und Vollendung und andererseits die Tür zu einem Nachher, wie immer man sich dieses vorstellt. Deshalb bedeutet für mich *in Würde sterben* das Ende des Lebens zu gestalten und zu vollenden im Einklang mit dem, wie und was der Mensch gelebt hat, was ihm wichtig ist und ihn auszeichnet. Das Gestalten des Lebensendes soll auch im Einklang mit den Überlebenden geschehen, die sein Gedenken über Generationen weitertragen werden. Das bedeutet aber auch, dass die, die diesen Weg gehen wollen, dies in einer Form tun können, die nicht demütigend und brutal ist. Und genau das ist heute leider nicht der Fall. Erst wenn der Suizid, in gleichem Maße der begleitete, als eine weitere Möglichkeit des Sterbens neben dem natürlichen gesehen und akzeptiert wird, können die, die diesen Weg für sich wählen, in Freiheit und mit Achtung und Anstand den Abschluss ihres Lebens wählen.

Ich weiß, dass eine solche Forderung in der heutigen Zeit nicht bei allen gut ankommt und in der Gesellschaft, wie auch vonseiten der Kirche und Politik oft keine Zustimmung findet. Die Angst ist riesig, dass bei einer Legalisierung des assistierten Suizides dieser zu einer ganz normalen Option für das Lebensende werden kann. Ich finde aber, dass das Ziel sein müsste, den Suizid und auch den assistierten Suizid gleichwertig neben alle andere Sterbeformen zu stellen. Es geht dabei um eine wahrhaftige und existentielle Entscheidung, um einen zutiefst menschlichen Akt.

Ich höre alle die Einwände und Vorwürfe und die Ängste, zum Beispiel, dass damit alle Schleusen und Tore zum Missbrauch geöffnet würden. Ich bin aber überzeugt, dass es nicht sehr viel mehr Menschen geben würde, die sich dafür entscheiden, ihrem Leben selbst ein Ende zu setzen, denn dafür ist der Weg des freiwilligen Sterbens zu steinig und zu anspruchsvoll. Gerade das Recht haben, diesen Weg zu wählen, und das zeigen alle Erfahrungen, bedeutet, dass viele, die sich entschlossen haben, ihn zu gehen, ihn am Ende *nicht* beschreiten. Die Freiheit, den Weg zu gehen, beinhaltet ja auch die Freiheit, ihn nicht mehr gehen zu wollen. Wenn man die Tür zum assistierten Suizid öffnet, kann man darüber hinaus ein Prozedere formulieren, das verhindert, dass Menschen aus einer Panik oder einem Kurzschluss heraus diese Entscheidung treffen wollen. Mit der Öffnung zum begleiteten Suizid gibt es kein unkontrolliertes und wildes Ausagieren. Wenn man, wie man es heute schon bei Schwerkranken macht, einen Ablauf wählt, der sich über Monate erstreckt, so hat man auch die Gewähr, dass nur die diesen Weg gehen, die ihn in vollem Bewusstsein und aufgrund reiflicher Überlegungen heraus tun wollen und auf sich nehmen, was ein solcher Schritt beinhaltet. Man könnte sehr wohl ein Vorgehen wählen, das nicht demütigend und entwürdigend ist, sondern das vor allem darauf ausgerichtet ist, über eine gewisse Zeit hinweg den Sterbewilligen zu begleiten. Alle diejenigen, die aus einer Not und Verzweiflung heraus sich das Leben nehmen wollen, würden diesen Weg sowieso nicht wählen und damit kundtun, dass alles getan werden muss, für und mit diesen Menschen andere Lösungen als den Suizid zu finden. Der Staat könnte einen institutionellen Rahmen schaffen, der den assistierten Weg anbietet, und damit ein korrektes und kontrolliertes Vorgehen garantieren. Damit wäre auch der Gefahr einer möglichen Kommerzialisierung ein Riegel vorgeschoben.

Heute wird der assistierte Weg aus dem Leben nur einer sehr kleinen Anzahl ausgewählter Menschen erlaubt: *»Ein geistig verwirrter oder komatöser Kranker kommt als Klient nicht infrage.«* Auf dieser Basis agieren die bekannten Vereine »Exit« und »Dignitas«. Und: *»Das Mitglied (der Sterbehilfsorganisation, J. G.) muss nachweislich an einer tödlichen*

Krankheit in einem irreversiblen Stadium leiden oder an einer – für ihn/sie – unzumutbaren Behinderung oder an unerträglichen Beschwerden ohne Aussicht auf Heilung oder doch wenigstens Linderung.«[1]

Ich bin überzeugt, dass es politisch klug war, solche Formulierungen zu wählen. Aber sie diskriminieren andere, die ebenso das Recht hätten, einen Weg des Sterbens zu gehen, der menschlich ist. Und das sind für mich die depressiven und alten Menschen. Auch sie sollten die Möglichkeit bekommen, wenn sie aus dem Leben scheiden wollen, frei entscheiden zu dürfen, auf welche Weise sie das tun wollen. Sie sind die, die mit Sicherheit nicht aus einer Panik heraus Suizid begehen. Sie sind die, deren Entscheidung man akzeptieren und respektieren muss, ohne Wenn und Aber und ohne ihre Motive für diesen Schritt infrage zu stellen. Im weiteren Verlauf dieses Buches möchte ich, auch entlang meiner jahrelangen therapeutischen Erfahrung im Umgang mit depressiven Menschen, zeigen, wie die, die bewusst diesen Weg gehen, ihn verantwortungsvoll und sorgfältig gehen. Eine Gesellschaft darf sich in meinen Augen nicht menschlich nennen, wenn Menschen, die *freiwillig* aus dem Leben gehen wollen, und darauf läuft es hinaus, dies auf eine unmenschliche Art tun müssen und zusätzlich noch mit Verachtung bestraft werden. Eine wirklich menschliche Gesellschaft darf das nicht zulassen.

Der Suizid ist für mich in jedem Fall etwas Schwieriges und kaum Fassbares. Aber es gibt ihn und deshalb soll er

---

1 Vortrag von Elke M. Baezner-Sailer: »Ärztlich begleiteter Suizid in der Schweiz«, 2004.

auch seinen Platz bekommen. Das gilt ebenso für den assistierten Suizid, der anders als der selbstgewählte kalte und einsame Weg in den Tod nicht heimlich stattfindet. Beim assistierten Suizid wird gesprochen, beim kalten und einsamen Suizid geschwiegen, hier ist Wärme und dort ist Kälte, hier sind vertraute Menschen anwesend und dort sind Einsamkeit und Stille die Begleiter.

Es geht bei der Diskussion um den selbstgewählten Tod immer um den Menschen, der sich für diesen Weg entscheidet, und auch um die Frage, ob er das Recht und die Freiheit hat, selbst über den Zeitpunkt und die Art des Sterbens zu entscheiden und dies auch unabhängig von einer unheilbaren Krankheit. Für die einen steht der Suizid für Arroganz und Selbstüberschätzung eines Menschen und für die anderen ist er Ausdruck der Selbstbestimmung und der Freiheit. Und immer geht es auch darum, wie weit sich Gesellschaft und Politik in die Privatsphäre des Einzelnen einmischen oder, wie es andere formulieren, die Gesellschaft und Politik den Rahmen schaffen dürfen, in der der Mensch vor sich und anderen geschützt werden soll. In der Frage des Suizids zeigt sich auch, wie ernst die Gesellschaft die Willens- und Entscheidungsfreiheit des Einzelnen tatsächlich nimmt, wenn dieser über seinen Tod selbst entscheiden kann. Wie bei einem Krebspatienten, der für sich entscheidet, die Chemotherapie abzubrechen, auch wenn noch eine geringe Heilungschance besteht, gilt es, das Nein zum Leben, das »Ich will nicht mehr« zu akzeptieren. Es ist für mich nicht schlüssig, die Eigenständigkeit eines Menschen erst dann zu akzeptieren und seinen Entschluss als Akt der Selbstverantwortung erst dann zu respektieren, wenn buchstäblich alles ausprobiert wurde oder der Patient von all den Therapien so geschwächt ist, dass er einen neuen Therapieversuch nicht überleben würde. Die Entscheidungsgewalt über sein Leben darf nicht an Bedingungen geknüpft werden.

Suizid zu begehen und zu spüren und zu wissen, dass er von denen, die einem am nächsten stehen, nicht verstanden oder gar abgelehnt wird, hat etwas Demütigendes an sich. Niemand geht diesen Schritt unbedarft. Der Weg ist zu sehr gepflastert mit inneren Kämpfen. Wer freiwillig gehen will, muss das im Verborgenen tun, unter widerlichen und unmenschlichen Umständen. Er ist gezwungen, diesen Schritt wie ein Dieb heimlich zu planen und durchzuführen, wie ein Krimineller, der einen Mord plant und durchführt, wie ein Tier, das sich zum Sterben zurückzieht und verkriecht. Das ist unmenschlich und eines gelebten Lebens nicht würdig.

Es ist ein dunkler Weg in völliger Einsamkeit: Allein mit seiner Not, Verzweiflung, Unsicherheit und Ängsten und das nur, weil man ihm den assistierten Suizid verwehrt. Das zu erkennen hilft, weniger streng, fundamentalistisch und dogmatisch zu urteilen.

Es geht mir in diesem Buch wesentlich ums Verstehen und Akzeptieren. Nur mit einer solchen Haltung – genau hinschauen und verstehen zu wollen – lässt sich diesen Menschen gerecht werden. Dann geht es auch nicht mehr nur um Mitleid, das man ihnen gegenüber empfindet und empfinden kann. Sie verdienen nicht, dass man sie, indem man ihren Entschluss infrage stellt, diskriminiert und verurteilt.

Alten Menschen und Depressiven wird das Recht verwehrt, selbständig über ihren Tod zu entscheiden. Ihnen wird die Fähigkeit, sachlich und vernünftig zu denken und zu handeln, abgesprochen. Ich finde es wichtig und notwendig und nicht mehr als gerecht, dass man auch ihnen die gleichen Rechte einräumt und sie für genauso mündig und selbstverantwortlich betrachtet wie man es bei den anderen Menschen macht. Den alten Menschen wird unterstellt, noch mehr als den depressiv Suizidalen, dass sie bei einer Lockerung des Gesetzes zur Sterbehilfe zum Spielball der Interessen anderer Menschen und zu Opfern würden, die dem Druck, der dann auf sie ausgeübt werden könnte, nicht gewachsen seien. In diesem Buch möchte ich genauer hinschauen und aufzeigen, mit welcher Sorgfalt und Umsicht gerade diese Menschen ihren letzten Weg gehen und damit deutlich machen, wie bewusst und unbeirrt sie diesen Schritt tun.

Wie depressive und alte Menschen den letzten Weg gehen, ist zutiefst menschlich und berührend. Die Sorgfalt, mit der sie diese freiwilligen letzten Schritte tun, verlangt unsere Achtung und unseren Respekt. Ich glaube, dass es nichts Persönlicheres und Einmaligeres gibt als diesen frei gewählten Abschied. Deshalb möchte ich aufzeigen, mit welcher Größe die Menschen ihren Weg gehen, die bewusst den Freitod wählen.

Es geht mir dabei nicht um ein Glorifizieren des freien und selbstgewählten Todes. Dafür ist dieses Thema zu belastet und mit zu viel Schmerz und Leid verbunden. Wann immer ein Mensch sein Leben beendet, bleibt etwas Schmerzliches und Trauriges zurück. Der Suizid depressiver und alter Menschen ist ein Gewaltakt, der alles von ihnen fordert und bei dem der ganze Mensch mitmachen muss: Körper, Geist und Gefühle. Es braucht eine gedankliche Überzeugung und ein emotionales Mittragen und einen Körper, der die dazu nötige Kraft liefert. Keiner dieser Menschen macht einen solchen Schritt leichtfertig, aber für die, die ihn machen, stimmt er. Mir geht es nicht um eine Abhandlung über den Suizid an sich, auch nicht um irgendwelche Dogmen oder Glaubenssätze, sondern einzig und allein um die Menschen, die einen solchen Weg wählen. Es geht mir darum, Verständnis aufzubringen für die, die diesen Weg bewusst und freiwillig gehen. Sie setzen ein Zeichen dafür, dass diese Form des Sterbens von verantwortungsvollen und mündigen Menschen gewählt wird und der Suizid daher auch als legitime Form des Sterbens akzeptiert werden kann. Das aufzuzeigen ist mir ein wichtiges Anliegen.

In Frieden gehen können, mit dem Einverständnis und dem Segen der Zurückgebliebenen, genau *das* hat mit Würde zu tun. Das ist das, was Menschen, die freiwillig diesen Weg gehen, sich wünschen: gehen können im Wissen, dass ihre Angehörigen und Freunde ihnen nicht grollen, obwohl sie Mühe haben, den Schritt zu verstehen. Selbstverantwortung schließt für diese Menschen immer auch die Gedanken und Sorgen um ihre Nächsten mit ein.

Dieses Buch ist nicht zuletzt für die Hinterbliebenen gedacht. Sie sollen verstehen können, weshalb ihr Verstorbener Suizid begangen hat, sie sollen sehen und verstehen können, was in den letzten Monaten vor seinem Tod in ihm abgelaufen ist. Es hilft ihnen in der Trauer und in der Verarbeitung des Todes, wenn sie verstehen, dass der Schritt nicht gegen sie gerichtet ist und dass der Entschluss dazu nicht leichtfertig und verantwortungslos getroffen wurde. Je mehr sie verstehen, desto besser können sie sein Ringen ums Leben und Weiterleben nachvollziehen und realisieren, dass er alles versucht hat, um leben zu können, und dass ihm bewusst war, was er ihnen mit diesem Schritt antut. Wenn die Angehörigen verstehen, weshalb jemand den Suizid gewählt hat, können sie auch verstehen, dass der Suizid kein Akt der Rache war, kein Mittel, den Hinterbliebenen etwas heimzuzahlen oder sie zu beschämen. Allein das Wissen darüber erleichtert und verhilft dazu, dass sich keine Mauer zwischen ihnen und dem Verstorbenen aufrichtet. Es hilft auch, den Verstorbenen nicht als jemanden zu sehen, dem es nur um sich selbst ging. Wir sind es als Gesellschaft auch den Angehörigen schuldig, dass sie mit Achtung und Respekt auf den Verstorbenen und sein gelebtes Leben zurückblicken dürfen und dass sie auch zu anderen über den Toten sprechen können, ohne sich schämen zu müssen, dass sie dabei über etwas Unerlaubtes, etwas Verbotenes sprechen.

Wenn der Suizid für die depressiven und alten Menschen als eine legitime Form des Sterbens akzeptiert wäre, würde nicht nur denen, die den Weg des Suizides gehen wollen, Respekt und Achtung zuteil, sondern im gleichen Maße wäre es auch eine nachträgliche Rehabilitierung all derer, die schon Suizid begangen haben. Auch ihren Angehörigen wäre damit eine große Last genommen.

Menschen wollen grundsätzlich am Leben bleiben und zwar so lange wie möglich und so zufrieden wie möglich. Das zu betonen ist deshalb wichtig, weil immer wieder die Befürchtung geäußert wird, dass mit einer Lockerung des Zuganges zum assistierten Suizid dem Sterben Tür und Tor geöffnet würde und damit eine Sogwirkung für all diejenigen geschaffen wird, die sonst nie auf den Gedanken kämen, diese Form des Sterbens zu wählen. Aber der Mensch möchte leben und nicht sterben. Er tut deshalb alles, um am Leben zu bleiben. Das ist etwas, was nicht zuletzt ebenso für die alten und depressiven Menschen gilt. Zu stark ist die Bindung ans Leben und sei es nur, weil sie es kennen, ihnen dieses Leben so vertraut ist und dem Gang aus dieser Welt so unendlich viel Ungewissheit anhaftet. Zudem ist der Suizid mit so viel Negativem behaftet, das er den meisten Menschen zuwider ist. Auch ist die Form, die gewählt wird, äußerst brutal und hässlich oder es ist nicht einmal sicher, dass es überhaupt gelingt, sich selbst zu töten. Die Vorstellung zu scheitern und ein Leben führen zu müssen, das danach noch viel schrecklicher ist, macht den Schritt ebenfalls nicht einfacher.

Ein gelebtes Leben wirft niemand leichtfertig weg. Da ist zu viel drin, das zurückhält, und zu viel, das vielleicht noch kommen könnte und das man auch nicht so schnell hergeben will. Es gibt aber Menschen, die aufgrund innerer oder äußerer Umstände nicht weiterleben wollen – aus Gründen, die für sie stichhaltig und richtig sind, ob sie nun von den anderen auch so gesehen und akzeptiert werden oder nicht. *Es geht darum, zu akzeptieren, dass es Menschen gibt, die möchten, dass sie in diesem* »Ich will nicht mehr« *ernst genommen werden und dass sie ihren Schritt nicht vom Verständnis oder von der Akzeptanz anderer abhängig machen müssen.* Diese Unabhängigkeit ist Ausdruck von Selbstverantwortung und kein Anzeichen für Egoismus oder Lieblosigkeit.

Es geht darum zu akzeptieren, dass es Menschen gibt, die anders denken, anders fühlen als andere, darunter vielleicht wir selbst, und dass es Situationen und Befindlichkeiten gibt, innere und äußere, die die Menschen zur Entscheidung führen, das Leben zu verlassen. Es ist wichtig, dass der Suizid nicht verteufelt wird und dass man ihn auch nicht immer nur den psychisch Labilen oder Kranken zuordnet. Alle Menschen, die diesen Schritt tun, haben das Recht, dass man ihnen diesen Schritt zubilligt, und sie nicht abwertet und kritisiert. Solange aber die Meinung vorherrscht, dass ein Mensch sich nur dann das Leben nimmt, wenn er psychisch gestört und unfrei ist im Denken, so lange ist die Willens- und Entscheidungsfreiheit des Menschen immer eine eingeschränkte und wird nicht als etwas gesehen, das *bedingungslos* zum Menschen gehört. Wenn man davon ausgeht, dass es für schwierige und belastende Lebenssituationen immer eine Lösung gibt und jede andere besser ist als der Suizid, wenn man überzeugt ist, dass man die Hoffnung nie aufgeben darf, kann der Suizid niemals ein akzeptierter Weg und eine akzeptierte Todesform sein. Dann liegt der, der so aus dem Leben scheidet, immer falsch.

So sehr die Themen Tod und Suizid auch zu meiner therapeutischen Tätigkeit gehören, tue ich mich immer wieder schwer damit. Sterben und vor allem dass Menschen freiwillig sterben *wollen,* ist etwas, das unser Denken in höchstem Maße irritiert und herausfordert. Es geht dabei um eine letzte Entscheidung, die von außen immer wieder Fragen aufwirft, ohne dass man sofort eine Antwort im Sinne von richtig oder falsch parat hätte. Ich jedenfalls muss mich immer wieder von neuem darüber vergewissern. Denn das Sterben ist ja etwas so Gewaltiges, dass auch ich immer wieder vor dem Gedanken, dass Menschen den Tod freiwillig suchen, zunächst zurückschrecke. Und das, obwohl ich zutiefst überzeugt bin, dass der Suizid eine mögliche Form des Sterbens ist und man alles tun muss, dass er nicht auf eine kalte und unmenschliche Weise geschehen muss. Dass der freiwillige Tod kein Schritt sein darf, den man verstecken und verheimlichen muss. Man sollte zu ihm stehen dürfen, und das ist nur der Fall, wenn er in der Gesellschaft als eine legitime Form des Sterbens betrachtet und anerkannt wird.

Es geht mir niemals um ein Idealisieren des Suizides oder ein Verherrlichen der Menschen, die diesen Schritt machen. Es geht um Gerechtigkeit, Fairness und Respekt allen Menschen gegenüber und um die Wahrung ihrer Würde, indem man ihnen ihre Souveränität und Eigenverantwortung nicht abspricht oder relativiert.

1

DER SUIZID ALS TABUTHEMA

Wie der einzelne Mensch zum Suizid steht, ob es sich nun um einen einsamen oder begleiteten Suizid handelt, hat mit der persönlichen Einstellung dem Leben gegenüber und ganz wesentlich mit seinem Menschenbild zu tun. Betrachtet man den Menschen als mündiges Wesen, das über sein Leben selber bestimmen kann, dann geht man auch davon aus, dass er über das Ende seines Lebens, über den Zeitpunkt und die Form des Ablebens selber entscheiden kann. Dann kann auch nicht sein, dass ihm ein anderer oder eine Institution vorschreibt, wie er zu sterben hat, sei es nun im Namen der Liebe, der Gesellschaft, der Religion oder der Moral.

Kein mündiger Mensch akzeptiert es, wenn man ihm vorschreibt, wie er zu leben hat. Und genauso geht es ihm mit dem Sterben. Es ist sein Leben und das will er bis zum Ende leben; und genauso ist es auch sein Recht, über sein Leben *und* Sterben selbst bestimmen zu können. Überzeugende Argumente, mit denen man einen sterbewilligen Menschen von seinem Entschluss abhalten will, müssen für mich erst noch gefunden werden. Dies vor allem dann, wenn man ihm darlegen muss, dass für einen todkranken

Menschen die Selbstbestimmung akzeptiert wird, nicht aber bei ihm, weil er zum Beispiel »nur« depressiv, »nur« alt oder zu müde ist, um weiterleben zu wollen. Mündigkeit und Selbstverantwortung sollen und müssen für alle Menschen gleichermaßen Gültigkeit haben. Man darf die Menschen nicht unterschätzen und meinen, ihnen vorschreiben zu müssen, wie sie zu leben oder zu sterben haben.

LEBEN DÜRFEN UND LEBEN MÜSSEN

Der Tod und noch mehr der Suizid sind heute Themen, die man gerne schnell übergeht und bei denen man so tut, als wenn es sie nicht gäbe. Mit dem Suizid ist fast eine Art Denkverbot verbunden, das man sich automatisch auferlegt. Es ist ohne Zweifel ein schwieriges Thema. Es ist auch deshalb schwierig, weil der Suizid ein endgültiger, definitiver Akt und meistens mit Gewalt verbunden ist. Niemand weiß, was nachher kommt.

Der Suizid wird noch heute von der Gesellschaft kaum und von der Kirche überhaupt nicht akzeptiert. Vonseiten der Psychiatrie wird er pathologisiert und entwertet und von Ärztegesellschaften, die es ihren Mitgliedern verbieten, aktiv beim Sterben eines Menschen mitzuhelfen, sanktioniert. Suizid gilt quasi als Mord, und Beihilfe zum Mord gehört eben nicht zu den Pflichten des Arztes. Sein Gebiet ist die Palliativmedizin und seine Aufgabe, *beim* Sterben und nicht *zum* Sterben zu helfen.

Das Thema Suizid ist gedanklich also höchst komplex und emotional belastet, zudem ist es gesellschaftlich und politisch mitdefiniert und religiös besetzt. Es geht um die letzten Dinge und um die Frage: *»Was ist ein Mensch, wie weit geht seine Souveränität, wie groß ist seine Entscheidungsfreiheit? Maßt er sich etwas an, wenn er selber über seinen Tod bestimmen will? Ist ihm das Leben geschenkt und gehört es gar nicht ihm?«*

Wer das Leben als heilig und unantastbar betrachtet, für den ist Suizid wie Mord, und die Entscheidungsgewalt über den Tod und das Leben liegt allein bei Gott. Selbst Hand anlegen ist ein Sicheinmischen in die Schöpfung und den Willen Gottes. Für Menschen, die so denken, steht Gott über allem, und das Leben unterliegt seinem Willen und seinen Entscheidungen. Das ist für sie selbstverständlich, weil sie davon ausgehen, dass Gott sie liebt und nur das Beste für sie will. Da gibt es keine Entschuldigung und keine Rechtfertigung für das überhebliche, anmaßende und Gott beleidigende Verhalten, wie es der Suizid für sie ist. Wer sein will wie Gott, sündigt. Viele Menschen denken so – eine Haltung, die ohne Wenn und Aber zu respektieren ist, auch wenn man sie selbst nicht teilt. Auch hier gilt, dass niemand die Wahrheit für sich gepachtet hat.

Wer den Suizid aus religiösen Motiven ablehnt, bezieht sich vor allem auf das fünfte der Zehn Gebote Gottes, die Moses auf dem Berg Sinai empfangen hat: *»Du sollst nicht töten«* (2. Moses 20,13). Auch die Aussage von Hiob (1,20–21), *»Der Herr hat's gegeben, der Herr hat's genommen, der Name des Herrn sei gelobt«*, wird häufig zitiert. Diese prägnanten Grundsätze bilden das Fundament der jüdischen und christlichen Ethik und Moral. In beiden Zitaten wird betont, dass Gott allein Herr über Leben und Sterben ist. Er ist es, der das Leben gibt und das Leben nimmt. Daran denkt auch der heilige Apostel Paulus, wenn er sagt: *»Nicht euch selber gehört ihr.«* (1. Kor 6,19) oder in Röm 14,8: *»Unser Leib und unser Leben sind von Gott und für Gott. In seiner Hand liegt unser Leben und unser Sterben.«*

Es gibt aber nicht wenige Gläubige, für die ein anderes Gottesbild in ihrem Leben maßgebend ist: Moses 34,6: *»Gott ist barmherzig und gnädig, langsam zum Zorn und überströmend an liebender Güte«* oder Psalm 51,17: *»Ein gebrochenes und zerschlagenes Herz wirst du, o Gott, nicht verachten.«* Dass Gott keinen Menschen verstößt, kommt auch bei Johannes (1. Johannes 5,13) zum Ausdruck: *»Dies habe ich euch geschrieben, dass ihr wisst, dass ihr ewiges Leben habt, die ihr an den Namen des Sohnes Gottes glaubt.«*

Ich bin überzeugt, dass Gott die Menschen liebt, dass diese Liebe den Menschen aber frei und für sich selbst verantwortlich macht. Ich glaube ebenso, dass Gott die Willensfreiheit als zum Menschen gehörig betrachtet und diese nicht als eine Anmaßung ihm gegenüber empfindet.

Was ist so falsch daran, wenn ein alter Mensch entscheidet, seinem Leben ein Ende zu bereiten, wenn er sieht, was er alles gelebt und erlebt hat und er einfach nicht mehr will? Ist nicht mehr zu wollen, ob es nun den depressiven oder alten Menschen betrifft, etwas Krankhaftes oder Bösartiges? Ist denn *»Ich will nicht mehr«* etwas Verwerfliches, das mit allen Mitteln bekämpft werden muss?

Was ist daran schlecht, wenn ein depressiver Mensch findet: *»Ich mag nicht mehr, ich weiß auch nicht, weshalb ich mich jeden Tag aufraffen und von neuem abmühen muss.«*?

Wenn jemand über Monate oder gar Jahre immer wieder so denkt und doch jeden Tag weiterlebt, darf er dann nicht eines Tages sagen: »*Das wär's gewesen, ich will nicht mehr.*«?

»*Ich habe gelebt, mehr will ich nicht mehr, das, was ich gelebt habe, genügt*«, das kann jemand ganz ruhig und nüchtern feststellen, oder auch voller Zorn und Verzweiflung. Aber es ändert nichts daran, dass er nicht mehr will. Und das gilt für die alten genauso wie für die depressiven Menschen. Wenn sie nicht mehr wollen, wollen sie nicht mehr. Das zu respektieren ist die Aufgabe des unmittelbaren und weiteren Umfeldes. Ist es denn ein Verbrechen oder etwas Unmoralisches, nicht mehr zu wollen? Ist nicht mehr wollen denn Ausdruck dafür, dass diese Menschen ihr Denk- und Urteilsvermögen verloren haben? Man kann und darf doch an diesen Punkt kommen, ohne dass man deswegen in seinen geistigen Fähigkeiten eingeschränkt sein muss. Depressive und Betagte, die freiwillig aus dem Leben scheiden wollen, haben Jahre des Hin und Her, des Wollens und Zweifelns hinter sich, bis sie sich zum letzten Weg aufmachen. Da gab es Phasen von Hoffnung, die sich abwechselten mit solchen der Verzweiflung, der Auflehnung, der Trauer und der Resignation. Damit haben sie viel Zeit zugebracht, oft Monate und Jahre, und kamen von dem Gedanken, freiwillig sterben zu wollen, einfach nicht los, auch wenn sie sich immer wieder versuchten einzureden, wie falsch eine solche Entscheidung sein würde. Sie hatten viel Zeit und Geduld mit sich. Irgendwann einmal aber ist diese aufgebraucht und dann gibt es kein Zurück mehr, weil für sie jetzt kein Vorwärts und keine Zukunft mehr existieren. Wie viele Male haben sie an den Suizid gedacht und ihn immer und immer wieder verworfen? Aber irgendwann einmal reicht auch die Kraft zum Verwerfen und Weitermachen nicht mehr aus, irgendwann einmal wollen sie nicht mehr.

Den Weg des Suizides zu gehen, ist alles andere als eine billige und leichtfertige Lösung. Es gibt im Leben eines Menschen keine Entscheidung, die schwieriger zu fällen, und keinen Weg, der mühsamer zu gehen ist. Ich betone das deshalb immer wieder, weil vom Suizid meist ganz anders gesprochen wird: »*Weil er nicht mehr weiterwusste, hat er sich umgebracht, weil ihm alles zu viel wurde, nahm er sich halt das Leben.*« Als wäre es die einfachste Sache der Welt! Menschen, die Suizid begehen, sind deshalb nicht leichtsinniger oder mutiger als andere. Auch sie müssen sich mit dem Sterben und all den gedanklichen Hürden, die sich ihnen entgegenstellen, auseinandersetzen. Auch sie haben Angst, fürchten sich vor dem Abschied und einem Weg, dessen Ende sie nicht kennen. Auch sie müssen sich dem Definitiven stellen, das kein Zurück erlaubt. Auch ihnen macht es Angst, wenn sie sich konkret ihr Sterben vorstellen, wenn sie sich vorstellen, was sie ihren Angehörigen antun. Sie müssen ihre Zweifel und Bedenken überwinden und sich mit ihren mutigen und feigen Seiten befassen. Sie lassen sich aber von all den Widerständen und Hindernissen nicht von ihrem Weg abbringen, weil sie diesen selbstbestimmten Tod wollen. Ohne diese Entschlossenheit und Überzeugung würden auch sie irgendwann resignieren und sich, wenn auch ohne Hoffnung und Zuversicht, wieder dem Leben zuwenden.

- Was ist daran falsch, wenn jemand findet, dass er das, was noch kommt, nicht will? Dass es für ihn nicht mehr Motivation genug ist, sich immer wieder von neuem aufzuraffen?
- Was ist daran falsch, wenn jemand für sich einen Entschluss fällt, der nicht dem vorherrschenden Denken entspricht?
- Was ist daran falsch, wenn jemand nur für sich entscheidet, ohne die Einwilligung einer gesellschaftlichen Instanz einzuholen?
- Was ist daran falsch, wenn ein Mensch sich sagt, dass es um sein Leben gehe und er nicht bereit sei, sich von anderen sagen zu lassen, was er zu tun habe?

Aber depressive wie alte Menschen sind dazu verdammt weiterzuleben, auch wenn sie gehen wollen, denn die Alternative wäre für sie der einsame Weg des kalten und einsamen gewaltsamen Todes. Bisher wird der begleitete Suizid gesellschaftlich, politisch und kirchlich nicht akzeptiert.

Eine selbstverantwortliche Entscheidung für den Tod wird nur sehr eingegrenzt gesellschaftlich und gesetzlich angenommen. »Wenn der begleitete Suizid gesellschaftlich akzeptiert wäre, würden auch andere depressive und alte Menschen unter Druck kommen, den Weg des Suizids zu gehen«, ist heute das Hauptargument gegen den begleiteten Suizid dieser Menschen. Ich werde darauf im 8. Kapitel ausführlicher eingehen. Für den Moment nur so viel:

Die Gegner einer Liberalisierung des begleiteten Suizides gehen davon aus, dass depressive und alte Menschen unter Druck geraten würden, den Weg des Suizids zu gehen, wenn der Suizid – und der begleitete Suizid erst recht – gesellschaftlich akzeptiert wäre. Dies nehmen sie als Hauptargument gegen den begleiteten Suizid. Wer so denkt, meint es sicher gut und will verhindern, dass es diese Menschen noch schwerer haben. Sie realisieren aber nicht, dass sie ihnen ihre Zurechnungsfähigkeit und Souveränität absprechen und ihr »leben dürfen« zu einem »leben müssen« umwandeln.

Wenn wir von Druck sprechen, dann ist es wichtig zu sehen, woher dieser kommt. So ist der Druck, den Menschen, die für sich den Suizid nicht gelten lassen und annehmen können, auf die ausüben, die nicht mehr leben wollen, riesig. Bei ihnen spielt vieles mit, zum Beispiel, den Mitmenschen retten oder bekehren zu wollen, ihm aufzuzeigen, dass das, was er vorhat, falsch, menschenunwürdig, egoistisch und sogar sündhaft ist. Natürlich ist es äußerst schwierig, anzunehmen und auszuhalten, dass jemand nicht mehr leben will. Es ist nachvollziehbar, wenn jemand alles daran setzt, den anderen vom Leben zu überzeugen. Hilfreich für die Betroffenen ist ein solches Bemühen aber nicht, außer dass es das eigene Gewissen beruhigt. Ich bin überzeugt, dass gerade der institutionelle Druck von denen, die den Suizid nicht akzeptieren können und bekämpfen, größer ist als der Druck, der von den Angehörigen ausgeht. Diese sind innerlich oft überzeugt, dass alles einmal ein Ende haben muss. Sie sind häufig überfordert von dieser Situation mit einem alten Menschen, der nur befreit sein und Ruhe haben möchte.

GLAUBENSSÄTZE UND ERSTE ANTWORTEN

Hinsichtlich der Einstellung zum Suizid hat sich in den letzten Jahren nicht viel verändert, höchstens, dass man betont, wie wichtig es wäre, mehr in Richtung Vorbeugung und Palliativmedizin zu tun. Das wäre tatsächlich wichtig und notwendig. Mehr Verständnis und Respekt für die Menschen, die freiwillig aus dem Leben scheiden wollen, sind aber nicht dazugekommen. Es gilt heute und ist noch sehr verbreitet:

Man darf keinen Suizid begehen. Diese Position wird vor allem von der Gesellschaft und der Kirche vertreten.

Die Position, die die Schweizer Bischöfe in ihrem Pastoralschreiben zur Frage der Sterbehilfe und der Sterbebegleitung aus dem Jahre 2002 verteten, und die Position 2280 aus dem Katechismus der katholischen Kirche, steht dabei für viele:

Wer sich selbst tötet, lebt nicht im gläubigen Vertrauen, dass ein Größerer sein Leben und Sterben in der Hand hält. Er/ sie wirft sich selbst zum Herrn über Leben und Tod auf und nimmt keine Rücksicht auf das, was nach dem Sterben kommt.[2]

2280: Jeder ist vor Gott für sein Leben verantwortlich. Gott hat es ihm geschenkt. Gott ist und bleibt der höchste Herr des Lebens. Wir sind verpflichtet, es dankbar entgegenzunehmen und es zu seiner Ehre und zum Heil unserer Seele zu bewahren. Wir sind nur Verwalter, nicht Eigentümer des Lebens, das Gott uns anvertraut hat. Wir dürfen darüber nicht verfügen.[3]

---

2 http://www.bischoefe.ch/dokumente/botschaften/pastoral schreiben-nr-9
3 http://www.kathpedia.com/index.php?title=Selbstmord

Vor allem depressive und alte Menschen sind vor dem Suizid zu bewahren und vor sich selbst zu schützen – so fordern es auch Medizin und Psychiatrie.

Unter dem Titel »Depression im Alter – Suizidgefährdung« kann man auf der Internetseite »Neurologen und Psychiater im Netz« lesen: »*Die schwerste Komplikation bei einer Altersdepression ist ein Suizidversuch oder ein vollzogener Suizid.*« Damit wird klar zum Ausdruck gebracht, dass so etwas nicht passieren darf, dass ein solcher Schritt in jedem Fall zu verhindern ist, obwohl sie weiter schreiben: »*Ältere Menschen setzen ihrem Leben selten spontan und unüberlegt ein Ende, meist denken sie vorher längere Zeit darüber nach und planen ihren Abschied vom Leben.*«[4]

Auf der Internetseite »Verhaltenstherapie« (2005) finden sich folgende Sätze: »*So erfolgen zirka 90 Prozent aller Suizide im Rahmen psychiatrischer Erkrankungen und damit im Zusammenhang mit eingeschränkter Urteilskraft. Die Optimierung der Versorgung depressiver Patienten ist somit eine der aussichtsreichsten Strategien der Suizidprävention.*«[5]

Und Prof. Dr. Michel, Bern, schreibt auf seiner Webseite www.konradmichel.ch kurz und knapp: »*Suizid ist keine überlegte Handlung.*«[6]

---

4 https://www.neurologen-und-psychiater-im-netz.org/psychiatrie-psychosomatik-psychotherapie/erkrankungen/altersdepression/suizidgefaehrdung/
5 https://epub.ub.uni-muenchen.de/16298/1/10_1159_0000836 97.pdf
6 http://www.konradmichel.ch/Suizidalitaet.html

In die gleiche Richtung gehen auch die Formulierungen der »Psychiatrie-Dienste Süd«, die auf ihrer Webseite unter dem Titel »Suizidalität« schreiben: *»Suizidale Handlungen finden in einem psychischen Ausnahmezustand statt, nur selten sind sie nüchtern überlegte Handlungen.«*[7]

Die nachfolgend angeführten Aussagen besitzen in unserer Gesellschaft quasi den Status allgemein gültiger Richtigkeit. Wer sie in die Welt gesetzt hat und ob sie auch stimmen, wird nicht weiter hinterfragt: *»So ist es! Das sagen alle, auch die Fachleute sehen es so.«* Wie tief diese Meinungen das Denken beherrschen, realisieren die Menschen nicht zuletzt dann, wenn sie sich intensiv mit ihrem eigenen Sterben beschäftigen oder mit einem Suizid aus ihrem näheren Umfeld konfrontiert werden. Die vorherrschende Meinung ließe sich so zusammenfassen:

- Von ein paar Bilanzsuiziden abgesehen, ist jeder Suizid eine Panikreaktion und eine Kurzschlusshandlung.
- Der Suizid ist Resultat einer Krankheit oder eines unberechenbaren Zustandes und deshalb nie frei gewählt.
- Menschen, die freiwillig aus dem Leben scheiden, sind nicht fähig, sachlich und nüchtern zu entscheiden, und deshalb kommt eine Lösung zustande, die zwangsläufig falsch sein muss.
- Wer nicht »ganz bei sich« ist, kann und darf nicht entscheiden, ansonsten würde er einen anderen Ausweg für

---

7 http://www.psych.ch/informationen/suizidalitaet/

sich suchen. Dies gilt auch und vor allem für depressive oder alte Menschen.

- Alles ist besser als ein Suizid. Wer ihn begünstigt, unterstützt und nicht zu verhindern versucht, handelt fahrlässig und wenn es sich um einen professionellen Helfer handelt, geht es um einen rechtlichen Tatbestand, nämlich unterlassene Hilfeleistung, und die wird nun einmal bestraft.
- Egal *wie* man lebt, es ist immer noch besser, als sich umzubringen, wie immer auch die subjektiven und objektiven Perspektiven beschaffen sein mögen.
- Alten Menschen soll man mit Medikamenten und sonstiger Unterstützung helfen, den Rest ihres Lebens auszuhalten, und dafür sorgen, dass sie irgendwie über die Runden kommen.
- Jede Depression ist heute heilbar und für unheilbar Kranke sorgt die Palliativmedizin. Chronische Schmerzen hat die Medizin fast vollständig im Griff.
- Leiden gehört zum Menschen und ist kein Grund, Suizid zu begehen.

Dagegen aber ist einzuwenden:

- Es wäre schön und den Betroffenen gegenüber angemessen und für die Gesellschaft lohnend, wenn mehr Menschen bereit wären, genauer hinzusehen und ihre alten Bilder und Vorurteile über Bord zu werfen.
- Es wäre schön, wenn mehr Menschen einsehen könnten, dass man etwas verstehen und respektieren kann, auch wenn man es selbst nicht billigt.

- Es wäre schön, wenn mehr Menschen bereit wären, die freiwilligen und bewusst gewählten letzten Schritte eines anderen Menschen zu akzeptieren.
- Es wäre schön, wenn weniger Menschen entsetzt wären, wenn ein depressiver oder alter Mensch findet, dass er sein Leben beenden will; wenn er nicht mehr die Kraft aufbringen will, weiterzukämpfen und auf etwas zu warten, das vielleicht einmal eintreten wird oder auch nicht. Es wäre für diese Menschen hilfreich, wenn sie wüssten, dass andere Menschen und vor allem ihre Angehörigen verstehen könnten, dass es sie nicht mehr interessiert, was noch kommen mag oder kommen könnte, dass die Zukunft für sie bedeutungslos ist.
- Es wäre schön, wenn die, die freiwillig gehen, davon ausgehen könnten, dass die anderen Menschen ihre Entscheidung respektieren, auch wenn sie sie selbst nicht nachvollziehen können.
- Es wäre schön, wenn mehr Menschen verstehen würden, dass für jeden Menschen das eigene Leben sein ureigenes und persönlichstes Gut ist und dass die alten und depressiven Menschen, die freiwillig gehen, sich dessen bewusst sind und es deshalb auch zu einem persönlichen Ende führen wollen.
- Es wäre schön, wenn mehr Menschen zu verstehen versuchten, dass ein Mensch diesen letzten Schritt durchaus im Wissen macht, dass es kein Zurück mehr gibt und er ihn geht, auch wenn alle um ihn herum ihn zu überzeugen versuchten, dass alles besser wird.
- Es wäre für den, der gegangen ist, schön gewesen zu wissen, dass seine Angehörigen den Schritt respektieren, weil

sie Vertrauen in ihn haben und davon ausgehen, dass er diesen Schritt sorgfältig und verantwortungsvoll gewählt hat und gegangen ist.

- Es wäre schön für die suizidalen Menschen, wenn ihnen grundsätzlich mehr Respekt, Verständnis und Vertrauen entgegengebracht würde.
- Es wäre schön, wenn mehr Menschen zu verstehen versuchten, dass ein Mensch bereit sein kann, diesen letzten Schritt zu tun, weil er nicht mehr hoffen und warten mag, weil er müde ist vom Warten und von den vielen Enttäuschungen.
- Es wäre für diese Menschen schön zu wissen, dass ihre Angehörigen sehen können, dass sie lange zugewartet und das Leben weitergelebt haben, obwohl sie es nicht wirklich leben konnten. Sie haben so viele Momente von absoluter Verzweiflung erlebt, so viele Phasen durchgemacht, in denen sie nicht mehr leben wollten, und haben dann doch weitergelebt, sich wieder dem Leben zugewandt und weiter gehofft, dass alles einmal besser wird.
- Es wäre für die Angehörigen schön zu erfahren, wenn in der Gesellschaft das freiwillige Sterben positiver und respektvoller betrachtet würde. Wichtig wäre das besonders für die Kinder. Sie haben es besonders schwer, müssen sie doch neben dem Verlust eines Elternteiles auch noch mit der gesellschaftlichen Schmach und Diskriminierung fertig werden. Das einsame Sterben ihres lieben Menschen macht auch sie zu einsamen Menschen.

Es ist zugegebenermaßen schwer, etwas zu akzeptieren, das man nicht verstehen kann. Jemandem, der den suizidalen

Menschen verstehen will, stellen sich die mannigfaltigsten Hindernisse in den Weg. In ihm sträubt sich buchstäblich alles dagegen, genauer hinzusehen; er muss sich mit etwas beschäftigen, das außerhalb seines Denkvermögens und seiner Vorstellung vom Menschen und seinem Leben und Sterben steht, nämlich dass jemand gewaltsam seinem Leben ein Ende setzt. Und das will einfach nicht in seinen Kopf hinein, oder er weigert sich überhaupt daran zu denken, dass Menschen sich so etwas antun. Der Suizid macht Angst und wird als Bedrohung erlebt. Für viele Menschen ist aus ihrer eigenen Lebenssituation der Suizid gedanklich so weit weg, dass sie sich damit gar nicht ernsthaft auseinandersetzen können, weil sie die Dimension nicht an sich herankommen lassen wollen und die Tat selbst einfach nicht verstehen können. Manchmal aber haben auch einige unter ihnen selbst schon einmal solche Gedanken gehabt und sind zutiefst erschrocken.

DIE SPRACHE VERRÄT DEN STANDPUNKT UND BESCHÄMT

Der depressive und alte Mensch möchte in Würde sterben, möchte dem Leben, so wie er es gelebt hat, ein Ende setzen, wie es für ihn stimmt. Das erfordert, dass er es in einer anständigen und akzeptierten Weise tun kann. Was die anderen über ihn und sein Sterben denken und sprechen, geht nicht spurlos an ihm vorbei. Nicht, dass es ihn von seinem Weg abbringen würde, aber es ist eine zusätzliche Hürde, die er zu überwinden hat. Wenn man hört, wie über den

Suizid gesprochen wird, kann man erahnen, wie einsam diese Menschen mit ihrer Entscheidung sind und wie sehr die Angehörigen nach ihrem Tod leiden müssen.

Wenn man den Freitod des Depressiven in Worte fassen will, die nicht demütigen oder entwerten, muss sich sehr vieles in unserer Wortwahl ändern. Aber erst eine Änderung der Haltung dem Suizid gegenüber ermöglicht auch eine Veränderung unseres Sprachgebrauchs. Deshalb ist es wichtig, dass der Suizid als Lebensform gesehen wird, als mögliche Form der Lebensvollendung und nicht als Selbsttötung.

Es ist wichtig, nicht von Selbstmord zu sprechen, also von einem »Mord« an sich selbst. Denn sonst wird der Suizid zu einem kriminellen und verwerflichen Akt und mit Wörtern beschrieben, die genau das Gegenteil von Würde und Respekt zum Ausdruck bringen. Das Wort Selbstmord weist auf das Brutale der Tat hin. Es betont das Unmenschliche und nicht Akzeptier- oder Tolerierbare der Tat. Und auch die Angehörigen müssen mit solcherart Beschreibung heute immer noch leben. Das wird sich jeder, der einen Suizid plant, durch den Kopf gehen lassen und ihm sein Vorhaben noch schwieriger machen.

Wenn Mord an anderen Menschen ein krimineller Akt ist, etwas Brutales und Verabscheuenswürdiges, dann auch, wenn die Tat gegen die eigene Person gerichtet ist. Mord ist etwas, das überhaupt *nichts* mit Rücksicht und Respekt vor jemandem zu tun hat. Er ist gegen die Person gerichtet in einer Haltung, die alles andere als Achtung und Wertschätzung verrät.

Mord ist etwas Negatives. Dahinter steht eine böse und

verwerfliche Absicht. Mord hat mit Vernichten und Aus-
löschen eines fremden Lebens zu tun. Damit hat er mit
Würde gar nichts gemein. So gesehen kann der Selbstmord
auch nicht als ein würdiger Akt wahrgenommen werden,
der unsere Hochachtung verdient.

Mord wird von der Gesellschaft geächtet und bestraft.
Mord wird mit Recht verurteilt und als gemeiner, unmenschlicher und menschenverachtender Akt angesehen.
Menschen, die morden, werden bestraft, von der Gesellschaft weggesperrt, um andere Menschen vor ihnen zu
schützen. Sie haben ihr Recht, mündige Glieder der Gesellschaft zu sein, verspielt. Mord ist Mord, wer immer auch
betroffen ist. Als Angehöriger eines suizidalen Menschen
mit solcher Gleichsetzung zu leben, ist ungemein schwierig.

Mörder sind für manche der Abschaum der Gesellschaft
und werden immer noch in vielen Ländern hingerichtet.
Man will sie nicht mehr unter sich haben. Sie verdienen
es nicht, unter uns zu sein. Deswegen werden sie mit der
Todesstrafe bestraft: Man nimmt ihnen das Leben. Das
heißt auch, der Staat nimmt sich das Recht heraus, über das
Leben anderer zu bestimmen, zu sagen, wer zu leben verdient und wer nicht. Töten als Strafe ist dann erlaubt, wenn
man davon ausgeht, dass es in erster Linie nicht darum
geht, ein Menschenleben bedingungslos zu schützen.

Ob man will oder nicht, all diese Aspekte spielen mit,
wenn vom Selbstmord gesprochen wird. Instinktiv reagieren die Menschen darauf, wenn von einem (Selbst-)Mord
gesprochen wird: Man will damit am liebsten nichts zu tun
haben.

Mord ist konnotiert mit etwas Bösem und Schmutzigem,

mit etwas zutiefst Verwerflichem. Man möchte sich schütteln und alle Gedanken daran verjagen. Und das gilt nicht nur für die Tat an sich, sondern ebenso für den Menschen, der sie begeht. Mit diesem Menschen will man nichts (mehr) zu tun haben, will ihn möglichst schnell vergessen und sich anderem zuwenden. Man will sogar die Erinnerung an ihn loswerden. Da hat es keinen Platz mehr für ein positives Empfinden oder Gedanken an gemeinsame Zeiten, da gibt es kein: »*Er ruhe in Frieden, ich wünsche, dass er den Frieden und die Ruhe findet, die er auf dieser Welt nicht gefunden hat.*« Da hat auch das Gebet für ihn nur schwer einen Platz. Das Urteil ist gefällt.

Wer das ganz direkt und unmittelbar zu spüren bekommt, sind die Angehörigen. Sie fühlen sich aufgerufen, sich und den Verstorbenen zu entschuldigen und seine Handlung zu rechtfertigen. Sie werden in etwas hineingezogen, das sie nicht zu verantworten haben und für das sie dennoch Rede und Antwort stehen sollen. Für etwas, das sie ja selbst auch nicht gut finden! Andererseits fühlen sie sich aufgerufen, den Verstorbenen zu verteidigen. Sie sehen nicht nur seinen Tod, sondern sein ganzes Leben und ihn als ganzheitliche Person. Es geht um seine und die eigene Ehre und das verpflichtet.

Es bedarf also einer anderen Sichtweise und damit verbunden einer anderen Sprache. Ein paar Vorschläge, wie man vom Suizid sprechen könnte mit Worten, die etwas anderes suggerieren als das Brutale im Wort »Selbstmord«:

- das Leben abschließen, es beenden,
- dem Leben ein Ende setzen,

- freiwillig und bewusst aus dem Leben scheiden,
- sich das Leben nehmen,
- freiwillig sterben,
- sich aus diesem Leben und dieser Welt verabschieden und einen neuen Weg gehen,
- den letzten Willen umsetzen, die letzte Handlung vollbringen,
- den Freitod wählen.

Oder ganz einfach: einen Suizid begehen. Das ist am sachlichsten, nicht beschönigend und nicht verteufelnd. Zu einem Suizid kann man stehen, das kann man ausdrücken, ohne weiter nach Worten zu suchen, die der Handlung und dem Handelnden gerecht werden und die für einen selbst stimmen. Auch Freitod klingt anders und stellt den Akt des freien Willens und der freien Entscheidung in den Vordergrund, was dem würdevollen Abgang sehr nahe kommt.

AUCH DER SELBSTGEWÄHLTE TOD IST EIN WÜRDIGER TOD

Der Suizid ist eine frei gewählte Form des Sterbens und er ist vielleicht einer der persönlichsten und intimsten Schritte eines Menschen. Dass er ein zutiefst menschlicher Akt ist, möchte ich später anhand der letzten Schritte depressiver und alter Menschen aufzeigen. Sie stehen für mich für alle die Menschen, die bewusst und freiwillig ihr Lebensende selbst bestimmen wollen. Es sind auch die Menschen, die ich aus meiner therapeutischen Praxis am besten kenne, und es sind nicht zuletzt die Menschen, denen man den begleiteten Suizid mit verletzenden und demütigenden Begründungen verwehrt. Wenn sie ohne äußeren Druck und im vollen Bewusstsein der Tragweite dieses Schrittes auf ihre persönliche Art ihr Leben beenden wollen, so, wie sie auch ihr Leben gelebt haben, dann kann es nichts Falsches an sich haben. Davon bin ich überzeugt. Wer so für sich und mit sich diesen Weg geht, dem soll Achtung und nicht Verachtung entgegengebracht werden oder wenigstens das Bemühen, ihn in seinem Schritt zu verstehen.

Beim freiwilligen Sterben geht es um so unendlich viel, dass man sich dem nur mit größter Sorgfalt, und das heißt, ohne gleich zu bewerten und zu richten, nähern sollte. Und es ist, wenn man gewillt ist zu verstehen, sowohl einfühlbar wie auch nachvollziehbar. Diese Menschen gehen freiwillig aus dem Leben, obwohl es ein schwieriger Weg ist, den sie wählen, ein Weg, auf dem es kein Zurück mehr gibt. Obwohl der Weg unendlich lang und mit Argwohn und Ablehnung durch andere Menschen gepflastert ist, stehen sie zu ihrem Entschluss, gehen ihn allein und im Geheimen und dies trotz aller Widerstände und Schwierigkeiten. Sie gehen ihn, weil sie ihn gehen wollen und er für sie stimmig ist. Es ist für sie wichtig, selber entscheiden zu können, nicht zuletzt deshalb, weil sie sich der Größe und Bedeutung ihres Lebensendes bewusst sind. Sie wollen ihr Leben selbst in die Hände nehmen und gerade deshalb wollen sie nichts dem Zufall überlassen und vor allem nicht zulassen, dass andere über diesen letzten und vielleicht wichtigsten Abschnitt in ihrem Leben entscheiden. Andere sterben, so wie es kommt. Ihnen aber ist es wichtig, so zu sterben, wie sie es für sich und ihr Leben passend finden: Sie stellen sich freiwillig und eigenverantwortlich dem unwiderruflichen Ende ihres Lebens. So und nur so wollen sie aus dieser Welt gehen.

Wenn man versteht, weshalb diese Menschen den freiwilligen Tod wählen, und wenn man auch noch emotional nachvollziehen kann, was in ihnen vorgeht, bis sie tatsächlich den Schritt tun, dann kann man auch verstehen, dass der Suizid, obwohl er in jeder Beziehung ein schwieriger Weg ist, für diese Menschen doch stimmig ist. Man kann verstehen, dass sie diesen Weg, obwohl er lang und mühsam ist, auf sich nehmen wollen. Ich weiß, dass das nicht einfach nachzuvollziehen ist und es vielen Menschen nicht gelingt, ihn als möglichen und für diese Menschen als richtigen Weg zu sehen. Zu sehr sieht man im Suizid Flucht, Rückzug und Angst vor der Zukunft. Wenn man versteht, weshalb Menschen diesen Schritt machen, wenn man sich in sie hineinversetzt, kann man erahnen, was solche Menschen durchmachen und was sie auf sich nehmen. Es verlangt Respekt, dass sie diesen Weg gehen. Man kann versuchen nachzuspüren, dass dieser Schritt für sie einer inneren Logik entspricht. Es ist eine Logik, die von anderen verstanden werden kann, auch wenn man sie für sich selbst nicht anerkennt.

Verstehen ist auch hier das Zauberwort. Hinschauen, sich in die Situation und Befindlichkeit dieser Menschen hineinversetzen, macht es möglich, den Suizid als zutiefst menschliche Form des letzten Lebensabschnittes zu sehen und zu respektieren. Die Menschen verstehen, die den letzten Weg freiwillig gehen, heißt auch zu akzeptieren, dass sie diesen Weg gehen wollen und ihn schließlich beschlossen haben, wohlgemerkt für sich und niemand anderen. Diesen Beschluss ahnden zu wollen, käme einer Entmündigung gleich. Ihn im Nachhinein zum Tabu zu erklären, raubt dem, der ihn vollzogen hat, seine Autonomie und Authentiziät. Und es kann auch ein Akt persönlicher Feigheit sein, sich mit dem Suizid und seinen Gründen auseinanderzusetzen, weil er die Alltagsroutine der Menschen stört und, wenn auch nur für kurze Zeit, vielleicht Einhalt gebietet. Solange man den Suizid tabuisiert, von ihm als einer nicht akzeptablen Todesform spricht und solange man Menschen vom begleiteten Suizid ausschließt, macht man sie darüber hinaus zum passiven Objekt der eigenen Vorstellungen und Meinungen und raubt ihnen auf diese Weise das Recht, selbst über sich und ihr Leben bestimmen zu können.

Am Ende bleibt ihnen oft nichts anderes übrig, als sich zu fügen und entgegen ihrem Willen ein oft trauriges und menschenunwürdiges Dasein zu fristen. Einige von ihnen, sterbewillige, sterbenskranke Menschen treten dann den beschwerlichen Weg in die Schweiz, die Niederlande oder nach Belgien an, um das, wofür sie sich entschieden haben, zu tun. Aber wie stellt man sich das eigentlich vor, dass Menschen, die von Schmerzen gepeinigt sind, einen solchen Weg in ein anderes Land überhaupt überstehen? Wie hilfreich, wie verständnisvoll und gütig ist eine Haltung und wie menschlich ein Gesetz, die so etwas von den Bürgern verlangt?

2

WÜRDEVOLLES STERBEN

Es ist nicht zuletzt die Absicht vieler Menschen, die den freiwilligen Tod wählen, nicht nur den Zeitpunkt festzulegen, sondern ganz wesentlich auch die Form ihres Sterbens zu bestimmen. Nichts wollen sie dabei dem Zufall überlassen.

Selber bestimmen und gestalten und das in Freiheit und Verantwortung, darum geht es ihnen. Für sie hat dieses Recht, über sich selbst bestimmen zu können, ganz wesentlich mit einem »Sterben in Würde« zu tun. Für andere ist ein Sterben im Kreis der nächsten Angehörigen ein würdevolles Sterben. Jeder von uns verbindet mit diesem Begriff andere Vorstellungen, je nach persönlichen Werten, individueller Lebensgestaltung, aber auch je nach Kultur und religiöser Bindung.

Das Lebensende ist für den Menschen, ob er es nun wahrhaben will oder nicht, einschneidend und auch prägend für das Bild, das er hinterlässt. Es ist der Abschluss, das letzte Bleibende dieses Menschen, und es soll, ihrer Absicht folgend, sorgfältig ausgewählt und gestaltet werden. Beim Suizid der depressiven und alten Menschen geht es um Selbstbestimmung, geht es ganz entscheidend um einen würdigen und stimmigen Lebensabgang. Es geht um ein Ende, das Achtung und Respekt verdient. Für viele, die freiwillig gehen, ist ein großer Teil des Weges ein stetiger Kampf und ein stetiges Leiden, und die Vorstellung vom Ende erlöst, befreit und entlastet sie. Dann gibt es für sie auch keine Unruhe und Eile mehr, den Sterbensakt zu vollziehen. Wenn sie entschieden und alles durchgeplant haben, können sie in Ruhe warten, bis für sie der richtige Zeitpunkt gekommen ist.

SELBSTBESTIMMUNG UND
VERANTWORTUNG FÜR SICH SELBST TRAGEN

Sterben, wie man gelebt hat, sterben, wie man es sich vorstellt, hat ganz wesentlich mit Würde zu tun – was aber den depressiven und alten Menschen bis heute verwehrt bleibt. Depressive, die freiwillig ihr Leben beenden wollen, müssen das auf eine ihnen fremde, brutale und grausame Weise tun und auf eine Weise, die offenlässt, ob es gelingt oder sie mit physischen oder psychischen Schäden ins Leben zurückbringt. Vor allem ist ihr Sterben eines: entwürdigend und beschämend. Das müsste nicht sein, das könnte man ändern, wenn man dem Suizid eine andere Bedeutung geben und ihn als reale Möglichkeit neben das natürliche Sterben setzen würde, vor allem aber auch dann, wenn ein begleiteter Tod erlaubt wäre. Ich bin überzeugt, dass nicht viel mehr Menschen freiwillig den Tod suchen würden. Es gäbe aber sicherlich eine gewisse Verlagerung weg vom kalten hin zum assistierten Suizid. Für den, den es betrifft, eine unermessliche Erleichterung.

Für jeden Menschen müssten andere Möglichkeiten als der kalte und einsame Suizid zur Verfügung stehen.

Das Ende des Lebens selbständig und in eigener Verantwortung zu gestalten oder zu vollenden bedeutet Sterben im Einklang mit dem, wie und was der Sterbende gelebt hat, was ihm wichtig war und was ihn auszeichnete. Es bedeutet auch auf eine Art zu sterben, wie jemand bei den anderen in Erinnerung bleiben will. Das Gestalten des Lebensendes soll in Einklang oder in Übereinstimmung stehen mit dem, was ihn als Person ausmachte. Welche Ideen und Werte er gelebt und vertreten hat, bestimmt beim Einzelnen, was für ihn würdevolles Sterben bedeutet.

In Würde sterben ist nicht etwas Selbstverständliches, ist nicht etwas, was einfach so kommt. Ich denke an all die Menschen, die ausgeliefert an Maschinen ihre letzten Lebenstage verbringen. In Würde sterben ist ein Geschenk, das man selbst gestalten kann, sofern man die Möglichkeit dazu hat. Das kann ein natürlicher Tod sein, mit Zufriedenheit und in Dankbarkeit, oder bedeuten, eine unheilbare Krankheit mit Mut und Geduld bis zum Tode aushalten; trotz Schmerzen und Ängsten Ja sagen zum gelebten Leben und zum leidvollen Sterben. Es hat mit Größe zu tun, zu sich und seinem Leben und Sterben stehen zu können, zur Trauer und zu allem, was einen dabei bewegt. Auf seine Art mit all dem Schweren und Beglückenden umgehen, so, wie man das sein Leben lang gelebt hat, ist ein Zeichen von Authentizität. So, wie es in dieser schwierigen Phase des Lebens eben möglich ist.

Das Ende zu gestalten, soweit es möglich ist und in den eigenen Händen liegt, so frei und selbstbestimmt, wie es stimmig ist und sich richtig anfühlt, all das hat wesentlich mit Würde zu tun. Da spielt es keine Rolle, ob ein Mensch im Kreise der Familie oder allein stirbt, ob er so stirbt, wie die Natur es will, oder so, wie er glaubt, dass es für ihn, den Partner und die Familie am stimmigsten ist, still und leise – oder eben mit dem begleiteten Suizid. Heinz Rüegger, ein Theologe und Ethiker schreibt in »Pro Senectute Kanton Luzern« (1/16, 2016):

>*»Ob Verzicht auf weitere lebensverlängernde Maßnahmen, ob Sterbefasten oder als letzter Ausweg ein begleiteter Suizid – Sterben ist weitgehend in den Horizont der Selbstbestimmung geraten. Diese Freiheit sollen wir verantwortlich wahrnehmen, ohne dabei der zwanghaften Meinung zu verfallen, ›würdig‹ sei ein Sterben nur, wenn es bis ins Letzte von uns geplant, kontrolliert und verantwortet wird. Zu einem humanen, existentiell bedeutungsvollen Sterben gehört beides: die aktive Selbstbestimmung und das passive Hinnehmen und Mit-sich-geschehen-Lassen.«*

Sterben heißt immer, voneinander Abschied zu nehmen, was gleichbedeutend damit ist, dass alle einen Beitrag leisten müssen. Wenn man sich sagen kann, man ist in Frieden und gegenseitiger Achtung voneinander gegangen, dann kann man sich als Angehöriger später ohne ungute Gefühle erinnern und darf ohne Scham vom Suizid des nahestehenden Menschen sprechen. Man hat die Selbstbestimmung des Toten respektiert und ihm geholfen oder ihn gedanklich unterstützt, dass er ohne Schuldgefühle gehen konnte:

»Es war ein persönliches und stimmiges Ende, ein Auseinandergehen in Anstand und Respekt.« Auf einen würdevollen Abschied ohne Schuldgefühle darf man stolz sein.

Jeder Mensch ist anders, jeder Tod ist anders, jeder ist einmalig und jeder Mensch stirbt seinen eigenen Tod. Seinen eigenen Tod sterben hat mit Würde zu tun. Viele Menschen möchten allein sein bei ihrem Sterben, etwas, das viele Angehörige von Verstorbenen schon erlebt haben. Kaum waren sie aus dem Zimmer, haben sie das Spital verlassen, stirbt der Mensch, den sie gerade noch lebend gesehen haben. Es scheint, als hätte er gewartet, bis alle gegangen sind, um dann für sich zu sterben. Bei anderen ist es genau umgekehrt, sie warten, bis die Angehörigen oder für sie besonders wichtige Menschen anwesend sind. Dann können sie gehen.

Die Gestaltung des Lebensendes hat auch viel mit dem Charakter und dem Temperament des einzelnen Menschen zu tun, sowie mit den von ihm gelebten Werten und seinem Lebensstil:

- Ist es ein Mensch, der sich nie etwas vorschreiben ließ, dem Selbstbestimmung und Unabhängigkeit wichtige Werte waren im Leben?
- Ist es ein Mensch, der immer alles im Griff, immer alles unter Kontrolle haben musste? So ein Mensch wird sein Sterben nicht dem Zufall überlassen wollen.
- Ist es ein Mensch, dem Abhängigkeit und Demenz, dem Verlust der Selbstbestimmung Angst machte und für den der Verlust der Eigenständigkeit schlimmer ist als der

Tod, weil für ihn damit Würde, Respekt, Achtung verloren gehen?

- Ist es ein Mensch, dem gesellschaftliche Anerkennung und Akzeptanz wichtig waren, für den das Eingebundensein in die Gesellschaft zählte und dem die Normen und Vorschriften der Gesellschaft Halt und Sicherheit gaben?
- Ist es ein Mensch, der nie auffallen wollte oder konnte, dem es wohl war im Vorgeschriebenen, Gängigen, Gewöhnlichen und Selbstverständlichen?
- Ist es ein Mensch, dem Selbstbestimmung und eigene Werte nie ein Thema waren, der machte, was man machte, der lebte, wie man lebte, der sich nie große Gedanken gemacht hat und jetzt ohne Aufhebens so stirbt, wie er gelebt hat, in Einklang mit sich und der Welt?
- Ist es ein Mensch, der vor allem an die anderen denkt, der ein Ende will, das für die anderen stimmt? Für sie geht es weiter, sie müssen damit leben und daher ist es für ihn nur logisch, dass alles so geschieht, wie es für die anderen, Partner oder Kinder, wichtig und richtig ist und womit diese leben können. Mit welchem Tod seine Angehörigen am besten leben können ist für ihn wichtiger als seine eigenen Wünsche und Vorstellungen durchzusetzen.
- Ist es ein Mensch, der sein Leben pflichtbewusst und im Einklang mit der Gesellschaft gelebt hat?
- Ist es ein Mensch, der müde ist vom Leben und müde vom Kämpfen, müde von all den Schicksalsschlägen und nur noch einen Wunsch hat, gehen zu können, der Ruhe will, der nicht mehr mag und nicht mehr kann? Einfach nur gehen und das möglichst schnell?

Die Würde des Menschen, die Art und Form seines Sterbens hat also ganz wesentlich mit seiner Einmaligkeit zu tun. Würde bedeutet die eigene Integrität hochhalten und die Selbstachtung nicht verlieren. Deshalb ist ein Sterben ohne Bewusstsein, an eine Maschine gebunden, für bestimmte Menschen auch nicht würdelos, während es für andere all dem widerspricht, was sie für sich als Todesform vorgestellt haben. Jemanden in Würde sterben lassen bedeutet, seine Art des Sterbens, seine ureigene Art zu akzeptieren. Die Einmaligkeit und Unverwechselbarkeit des Lebens soll seine Erfüllung und Vollendung finden in der einmaligen und gewählten Form des Sterbens.

Solange der Suizid nicht wirklich akzeptiert ist, bedeutet er für den alten und depressiven Menschen und für seine Angehörigen kein würdevolles Sterben. So zu sterben passt einfach nicht, wird als falsch empfunden, auch wenn es einem als Akt der Selbstbestimmung richtig vorkommt. Und das ist das Fatale, dass für diese Menschen, die ihr Lebensende selbst bestimmen wollen, der Akt an sich stimmt, nicht aber die Form. Genau diese dürfen sie nicht so bestimmen, wie es ihnen entsprechen würde.

Solcherart Suizid im Geheimen und als Einzeltat ist für alle schwierig und belastend, so belastend, dass viele der Zurückgebliebenen kaum je darüber hinwegkommen. Es passt für sie nicht zu dem Menschen, der gegangen ist. Es ist so fremd, so nicht stimmig und hinterlässt so ein schales Gefühl. Sie können die Erinnerung an die geliebte Person kaum mehr von der grässlichen Art seines Sterbens trennen. Die gehören nun zusammen, ob sie das wollen oder nicht. Einen solch würdelosen Abgang aber verdient niemand und er passt auch zu keinem Menschen. Kein gelebtes Leben sollte auf diese Weise zu Ende gehen müssen. Suizid als autonomer Entscheid bewahrt zwar die Würde des Menschen, die Umstände des Suizids sind heute aber mehr als nur demütigend und würdelos: heimlich und unter schlechten Umständen. Niemand will so gehen, niemand will die anderen so zurücklassen und niemand will, um diesen Schritt überhaupt machen zu können, sich innerlich so weit von den Nächsten entfernen müssen.

DEN LETZTEN SCHRITT NICHT VERSTECKT UND ALLEIN GEHEN MÜSSEN

Würdevolles Sterben bei suizidalen Menschen verlangt nichts Unmögliches, sondern bedeutet zum Suizid stehen dürfen, ohne sich bis zuletzt verteidigen und rechtfertigen zu müssen. Es bedeutet auch, nicht einsam zu sterben wie beim kalten Suizid und es nicht heimlich wie ein Verbrecher, sondern es mit dem Wissen oder vielleicht sogar mit der Zustimmung der Angehörigen tun zu dürfen, in einer Umgebung und einer Form, zu der man Ja sagen kann und nicht Ja sagen muss, weil es keine Alternativen gibt.

Jedes Sterben ist schwierig, ist ein Schritt in eine Welt oder in eine Zukunft, die niemand kennt. Jedem Tod haftet etwas Schmerzliches und Unwirkliches an. Und doch gehört der Tod zum Leben wie die Geburt. Mit dem Sterben stirbt immer auch ein ganzes Leben, stirbt eine unvergleichliche und einmalige Lebensgeschichte. Niemand hat es gern, wenn ein naher Mensch ihn verlässt. Wenn er das noch auf eigenen Wunsch, willentlich und klar entschieden tut, macht es das Ganze noch schwieriger. Man kann einen Menschen, der sich aus Panik und Verzweiflung das Leben nimmt, eher verstehen und sein Handeln nachfühlen. Ein solcher Tod passt mehr in die Vorstellungswelt der meisten Menschen. Aber freiwillig gehen, scheinbar ohne äußere zwingende Gründe, ist schwer fassbar. Man möchte verstehen und nachvollziehen können. Das würde so vieles erleichtern. Man könnte ihn in seinem Wollen eher akzeptieren. Wenn es zudem gelänge zu verstehen, dass er für sich einen Weg gewählt hat, den er als richtig erachtet und zu dem er sich durchgerungen hat, dann wäre es viel leichter, einen solchen Tod zu akzeptieren. Sich so treu zu sein und so für sich selbst zu entscheiden und das bei der schwierigsten Entscheidung, die es im Leben eines Menschen wohl gibt, hat etwas Großartiges an sich und mit Würde zu tun. Bei allem Schmerz können die Angehörigen etwas davon spüren. Es versöhnt, wenn man erkennt, wie richtig dieses Sterben für den Betreffenden war und wie sehr er sich das schuldete.

Als Angehöriger verliert man einen nahen und lieben Menschen und man verliert ihn auf eine Art und Weise, die es gilt, einfach zu akzeptieren, weil der Verstorbene es so wollte. Den Nächsten gehen lassen zu müssen, nicht, weil die biologische Uhr abgelaufen ist und die Natur es so will, sondern weil er bewusst diesen Weg und diesen Zeitpunkt wählte, verwirrt. Er ist den Weg gegangen, aber man selbst bleibt außen vor und muss schauen, wie man mit all dem fertig wird: mit dem Unabänderlichen, mit der Trauer und mit der Erleichterung, dass der andere seine Ruhe gefunden hat, aber auch mit all dem Schmerz und all den Fragen und

Zweifeln: *»War dieser von ihm gewählte Weg richtig? War er vielleicht doch eine Kurzschlusshandlung? Hätte es nicht noch andere Möglichkeiten der Hilfe gegeben? Hat man ihn vielleicht zu sehr allein gelassen und ist ihm zu wenig zur Seite gestanden? Ging er tatsächlich friedlich und überlegt oder war doch ein Groll da, den er nicht ausdrückte und der vielleicht seinen Entschluss geprägt hat? Hat er resigniert oder hat er sich wirklich von innen heraus für diesen Schritt entschieden?«*

Auch mit der Enttäuschung und der Wut, die aufkommen kann, wird man vom verstorbenen alten oder depressiven Menschen allein- und zurückgelassen. *»Für ihn stimmt dieser Weg. Aber für mich? War das für ihn überhaupt eine Frage oder ließ ihn das kalt? Dachte er nur an sich und wir waren ihm gleichgültig? In dem Alter macht man das doch nicht mehr, in jüngeren Jahren vielleicht, aber doch nicht jetzt! Warum hat er nicht warten können, es wäre doch nur noch eine kurze Zeit geblieben und dann wäre er eines natürlichen Todes gestorben? Aber nein, er konnte nicht warten. Das passt zu ihm, es musste ja immer so gehen, wie er es wollte. An uns hat er natürlich nicht gedacht.«*

Der letzte Schritt sollte keiner sein, den man verstecken und verheimlichen muss. Man sollte zu ihm stehen und ihn wirklich als eine legitime Form des Sterbens betrachten dürfen. Es ist traurig, wenn nach einem gelebten Leben der letzte Schritt unter so widerlichen Umständen getan werden muss. Es ist traurig, dass ein Mensch, der zeitlebens »ehr-würdig« gelebt hat, sich um Anstand und Respekt bemühte, auf diese Weise sein Leben beenden muss. Das ist unmenschlich und einer Gesellschaft, die das zulässt oder gar verantwortet, nicht würdig. Der Suizid bei depressiven Menschen ist eine Form des frei gewollten Sterbens, wie auch der Suizid alter Menschen ein beabsichtigtes und gewolltes Sterben ist. Es ist *ihr klarer Entschluss,* der ein konsequentes Handeln verlangt. Ihren Suizid so zu sehen verleiht ihnen Achtung und Respekt und gibt ihnen ihre Würde zurück, die ihnen durch die heutige Sicht des Suizides genommen wird.

- Es wäre schön, wenn Menschen, für die diese Form des Sterbens wichtig und richtig ist, akzeptiert und nicht an den Rand gedrückt und verurteilt würden.
- Es wäre schön, wenn auch der depressive und alte Mensch sich nicht verstecken und sein Tun nicht verstohlen und heimlich abwickeln müsste.
- Es wäre schön, wenn er offen oder gar öffentlich, ohne sich zu genieren oder sich verteidigen zu müssen, seine Absicht kundtun könnte und der Suizid in der Gesellschaft akzeptiert würde.

Es gilt aber etliche Hindernisse zu überwinden, bis es zu einer solchen Haltungsänderung in der Gesellschaft kommt. Und die wäre nötig. Denn nach wie vor gilt: *»Es darf den Suizid nicht geben. Es gibt nur eine Form des Sterbens und das ist der natürliche, von der Natur oder Gott vorgegebene Tod.«* Vor allem religiöse und moralische Argumente sind hier maßgebend. Der Suizid muss mit allen Mitteln verhindert werden, sonst werden Ärzte und andere Fachleute wegen mangelnder Sorgfaltspflicht oder unterlassener Hilfeleistung zur Rechenschaft gezogen. Es wird auch heute noch als gesichert ausgegeben, dass der Suizid eine unüberlegte Handlung, eine Affekthandlung oder Verzweiflungstat sei und nichts zu tun habe mit Freiheit und Selbstverantwortung. Es wird gesagt, dass der Suizid Ausdruck eines psychischen Ausnahmezustandes sei, dass depressive und alte Menschen in ihrem Denken eingeengt seien, sie emotional negativ geleitet und deshalb in ihren Schlüssen nicht sachlich und objektiv sein können. In einer solchen Sichtweise verdient kein Suizid, in welcher Form auch immer, die Bezeichnung »würdevolles Sterben«. Ohne es ausdrücklich zu formulieren, betrachtet man den Suizid als eine menschenunwürdige und würdelose Tat. Und die Menschen, die so gehen, kann man nur respektieren, indem man sie als Opfer eines fehlgeleiteten Denkens sieht und bemitleidet.

Ebenso wird die Meinung vertreten, dass depressive und betagte Menschen nicht urteilsfähig und nicht zurechnungsfähig sind und folglich ihre Entscheidungen Fehlentscheide sind. »*Depressive Menschen sind nicht verantwortlich für ihr Handeln und Entscheiden, es ist die Krankheit, die sie fehlleitet*«, das ist überwiegend die allgemeine Meinung. »*Wenn man sie davon abhält, sind sie nachher froh und dankbar, dass sie diesen Schritt nicht gemacht haben.*«

Ich betone alle diese Punkte immer wieder, weil sie maßgeblich die Diskussion um den Suizid bestimmen und dem Sterben dieser Menschen, die freiwillig gehen wollen, einen negativen und würdelosen Anstrich geben.

Es wäre schön, wenn immer mehr Menschen bereit wären, depressive und alte Menschen in ihrem letzten Schritt zu verstehen und ihnen zuzutrauen und zuzubilligen, dass sie den letzten Weg mit sehr viel Sorgfalt, Achtung und Respekt gehen. Vertrauen und nicht Misstrauen wäre die richtige Einstellung.

Erst aus einem echten Verstehen heraus kann man diesen letzten und ultimativen Schritt wirklich annehmen, in der Einsicht, dass ihn diese Menschen selbstbestimmend und aus einem inneren Bedürfnis heraus gehen. Es geht darum, die Entscheidung und den Schritt als Taten mündiger und erwachsener Menschen zu akzeptieren. Erst dann vermag man sie auch als würdevolles Sterben anzusehen.

Für die Menschen, die glauben, nicht genug unternommen zu haben, um die Betreffenden vom Leben zu überzeugen, ist deren Suizid am schwierigsten zu ertragen. Aber genau hier liegt meiner Ansicht nach das Kernstück der Willens- und Entscheidungsfreiheit und der Selbstverantwortung des Menschen, frei zu sein und für sich selbst zu entscheiden: »*Das genügt, mehr will ich gar nicht machen, damit es mir besser geht.*« Entscheiden, dem Leben ein Ende zu setzen, wenn es hypothetisch auch noch »gut« weitergehen könnte, ist ebenso selbstverantwortlich, wie sich und dem Leben noch eine Chance zu geben. Letzteres mag einfühlsamer sein, aber darum geht es nicht.

Die Frage, ob man einen Menschen dazu verpflichten oder gar dazu zwingen darf, leben zu müssen, würde ich mit einem klaren Nein beantworten. Sich über die Autonomie eines Menschen hinwegzusetzen, auch über die depressiver oder alter Menschen, ist für mich keine Lösung und lässt eine andere Frage aufkommen: Woher nimmt man sich denn überhaupt das Recht, so grundsätzlich über einen anderen Menschen zu verfügen? Aus welchen Motiven heraus macht man das und gibt es Gründe, die einen solchen Schritt legitimieren? Und nicht zuletzt kann man sich fragen, was es denn für ein Leben ist, wenn jemand nur noch lebt, weil man ihn dazu zwingt, statt ihn das machen zu lassen, was er eigentlich möchte: sterben. Stirbt er dann am Ende doch, hat sein Tod nichts mit Würde zu tun, sondern ist nur noch Erlösung von einem aufgezwungenen und damit nicht mehr gelebten Leben.

Depressive und alte Menschen sind, wenn sie ihr Leben beenden wollen und nicht schwer körperlich krank sind, gezwungen, einen Weg zu wählen, der ihnen nicht entspricht und der nicht zu ihnen passt.

Wenn sie freiwillig gehen wollen, müssen sie alles tun, damit ja niemand merkt, mit welchen Gedanken und Absichten sie sich beschäftigen. Sie sind gezwungen, den Nächsten etwas vorzumachen, sie in Sicherheit zu wiegen und dann einen Weg zu gehen, der hinsichtlich ihres Todes, des gewählten Zeitpunkts und der gewählten Form alle schockiert und befremdet. Der Depressive, der sterben will, kann und darf nicht dazu stehen, dass er freiwillig gehen will. Auch nach der Verabschiedung des neuen Gesetzes über die Sterbebegleitung hat sich für alle, die freiwillig gehen wollen, seien es nun die alten oder die depressiven Menschen oder die, die für sich das Leben beenden wollen, ohne sterbenskrank zu sein, nichts geändert. Von der Sterbebegleitung sind sie ausgeschlossen und die, die bis dahin mit Unterstützung einer Sterbebegleitungsorganisation den letzten Weg gehen konnten, müssen nun schauen, wo sie für ihren schwierigsten Lebensabschnitt Hilfe erhalten.

Wie ein Dieb muss sich der depressive oder alte Mensch aus dem Leben schleichen, wie ein Krimineller muss er das tun, was ihm im Moment am wichtigsten ist. Damit bekommt der Akt des Sterbens zwangsläufig etwas Verbotenes, Sündhaftes, Unehrenhaftes und etwas, worüber man nicht spricht und dessen man sich schämen muss. Es ist eine Form des Sterbens, die es in den Augen der meisten Menschen nicht geben dürfte, ein Akt, den ein Mensch nicht begehen sollte. So haben sie nicht gelebt, so sind sie mit ihren Nächsten nicht umgegangen und eine solche Form verdient niemand, weder sie noch die, die zurückbleiben. Es gibt keinen Abschied, kein versöhnliches Auseinandergehen in Frieden, kein Sichtrennen in Übereinkunft und Harmonie.

Ein solcher Tod hinterlässt einen faden Nachgeschmack. Dabei geht es beim freiwilligen Sterben nicht um etwas Beiläufiges, sondern um den letzten Akt des Menschen auf dieser Erde, um die letzten Schritte seines eigenen und persönlichen Lebens!

Die Angehörigen sollten nicht überrascht werden vom Suizid, sondern sie sollten eingebettet werden können in den Entscheidungsprozess und in die Form und den Zeitpunkt, so wie es schwer körperlich Kranke mit einer Sterbehilfsorganisation tun können. Es liegt im Ermessen dessen, der geht, wie weit er seine Angehörigen einbeziehen und beim Sterben dabei haben will. Und es liegt an den Angehörigen zu entscheiden, ob sie den Weg mit dem Suizidalen gehen wollen. Denn auch sie sollen die Freiheit haben zu entscheiden, in welcher Form sie teilhaben wollen am Sterben des nahen Menschen. Mit dem neuen Gesetz vom

6. 11. 2015 ist es Sterbehilfsorganisationen in Deutschland allerdings nicht mehr erlaubt, Sterbebegleitungen anzubieten. Weil ihr Angebot auf Wiederholung angelegt ist, gilt ihr Handeln als gewerbsmäßig und wird gemäß StGB § 217 bestraft.

Gehen können in Frieden, gehen können mit dem Einverständnis und dem Segen der Zurückgebliebenen, das hat mit Würde zu tun, das ist ein würdevoller und menschlicher Abschied, einer, der für alle stimmt, zu dem alle stehen können, wenn es auch noch so schwerfällt und kaum nachzuvollziehen ist.

Im Alter ist der Suizid selten eine Kurzschlusshandlung. Ältere Menschen planen ihr Ableben meist lange im Voraus, hinterlassen aufgeräumte Wohnungen, geordnete Papiere und ziehen oft ihre schönsten Kleider an. Sie wählen einen Schritt, der schockiert und verwirrt, der enttäuscht und erzürnt. Das alles weiß der alte Mensch. Der Gedanke daran, bei den Zurückgebliebenen Unverständnis oder gar Ablehnung hervorzurufen, macht für ihn alles noch schwieriger. Wer geht schon gerne auf diese Weise aus dem Leben? Es sollte doch darum gehen, Frieden mit sich zu schließen, sich mit dem Leben zu versöhnen – auch das wünschen sich die Menschen, die freiwillig aus dem Leben gehen. Das nicht zu schaffen, macht hilflos und traurig.

Der Suizid ist kein egoistischer und feiger Ausweg. Es ist ein Weg, der, weil er bewusst entschieden wird, viel schwieriger ist als das natürliche Sterben, wenn man das überhaupt so sagen darf. Man muss sehr überzeugt sein, diesen Schritt machen zu wollen, sonst getraut man sich nicht, das Leben freiwillig zu verlassen. Man vergisst häufig, dass alte wie auch depressive Menschen sich zudem sehr viel Zeit nehmen müssen, wenn es um wichtige Entscheidungen geht. Da gibt es keine Hauruckentscheidungen, da hat alles seinen Platz und seine Ordnung. Der Entschluss muss für sie in allererster Linie stimmig sein. Alles andere geht für sie nicht.

3

WAS IST EINE DEPRESSION?

Bevor ich mich im nächsten Kapitel eingehend mit dem Zusammenhang von Depression und Suizid beschäftige, vorab einige Bemerkungen zu dem, was ich unter einer Depression verstehe. Zum Verständnis dieses Zusammenhanges ist die Erläuterung aus meiner Sicht wesentlich.

Ich übernehme in diesem Kapitel dazu einige zentrale Aussagen aus meinen früheren Büchern, in denen es ausführlich und unter ganz verschiedenen Gesichtspunkten um den depressiven Menschen und die Überwindung einer Depression geht. Auch Passagen aus diversen Vorträgen zu diesem Thema habe ich berücksichtigt. Es sind Erkenntnisse, die ich im Laufe meiner langjährigen therapeutischen Tätigkeit immer präziser fassen konnte und die in den letzten Jahren in meinen Augen an Genauigkeit noch einmal gewonnen haben. Im Folgenden kann ich freilich nur eine kurze Darstellung meiner therapeutischen Erfahrung und Einsichten geben, weshalb ich die Lektüre meiner Bücher all denjenigen empfehlen möchte, die sich ausführlicher mit dem dynamischen Geschehen der Entwicklung der Depression hin zur einer manifesten Depression bekannt machen wollen.

Im Gegensatz zur gängigen psychiatrischen Diagnostik handelt es sich für mich nur dann um eine Depression, wenn ganz bestimmte *Verhaltensmuster* gegeben sind:

- Sich selbst ständig übergehen und physisch und psychisch überfordern;
- sich in seinem Denken nicht mit einbeziehen, gar nicht erst vorkommen;
- sich in seinem Handeln nicht berücksichtigen;
- alles mit sich selbst ausmachen, andere nicht belasten wollen;
- sich selbst respekt- und verständnislos behandeln.

Dagegen gilt heute fälschlicherweise als depressiv, wer

- über längere Zeit voller Angst und Panik ist;
- alles nur schwarzsieht, keine Hoffnung mehr hat;
- niedergeschlagen und belastet ist;
- immer um die gleiche Hoffnungslosigkeit kreist;
- sich zu allem aufraffen muss.

Wenn letztere Aufzählung eine Depression ausmachen soll, dann sind die meisten Menschen in ihrem Leben irgendwann einmal depressiv, denn solche Episoden kennt fast jeder von uns. Man könnte sogar sagen, dass sie zu einem psychisch gesunden Leben dazugehören.

Aus meiner Sicht ist die Depression bei allem Leiden nicht die Krankheit, wie sie die Psychiatrie definiert. Sie ist zwar ein schmerzlicher, aber vom Betroffenen zunächst als normal empfundener Zustand, und sie ist immer das Ergebnis einer ganz bestimmten persönlichen *Entwicklungs-geschichte!* Auf diese Weise ist den meisten depressiven Menschen ihr depressives Erleben auch durchaus vertraut. Nie ist ihr Leben anders gewesen, außer dass sie es zunehmend als ermüdend und belastend erfahren. Sie fühlen sich zwar unfähig, zufrieden und glücklich zu sein, sehen sich oft als Versager, haben Angst, dass andere sehen könnten, wie es in ihnen tatsächlich aussieht. Aber sie sehen sich nicht als krank, sondern als »anders«, was nicht heißt als psychisch gestört. Sie funktionieren und meistern ihren Alltag wie alle anderen auch.

Gefährdet sind Menschen mit folgenden depressiven Mustern:

- wer sich seit seiner Kindheit übergeht, sich nicht um sich kümmert und ohne Rücksicht und Verständnis mit sich umgeht;
- wer sich nicht ernst nimmt und sich überfordert;
- wer mehr auf andere als auf sich selbst ausgerichtet ist;
- wer glaubt, nie zu genügen;
- wer sich keine Bedeutung und keinen Wert gibt, sich immer zurückstellt;
- wer immer unter Druck lebt, im Gefühl »zu müssen« und mit der Angst zu versagen.

Wer so lebt, traut sich nichts zu, vergleicht sich immer zu seinem Nachteil und kann keine Sicherheit aufbauen. Wer nie genügt und sich nichts zutraut, ist immer unter Druck, immer angespannt, hat Angst zu versagen und muss sich ständig kontrollieren. Wer so lebt, kommt nicht zur Ruhe, befindet sich immer in einer Prüfungssituation und alles, was gut geht, können die anderen besser. Wer so lebt, kann keine Selbstverständlichkeit in seinem Leben aufbauen.

Diese depressiven Muster bestimmen im Laufe der Jahre depressives Verhalten und Erleben und schaffen den Zustand einer Depression. Und nur diese Denk- und Verhaltensmuster sind die Kriterien einer wirklichen Depression. Depressive Menschen zeigen Muster von Verhalten, die sie als Kinder gelernt und im Laufe der Jahre perfektioniert haben. Nur wer die in der Kindheit angelegten depressiven Denk- und Verhaltensmuster angenommen und immer weiter ausgebaut hat, kann depressiv werden. Die Entwicklung, die sie durchgemacht haben, ist eine *Persönlichkeitsentwicklung*. Es gibt keine Depression ohne diese depressive Entwicklung. Die Depression ist daher stets mit der Lebensgeschichte der Betroffenen verknüpft. Aus diesen Sätzen lässt sich eine weitere Definition der Depression ableiten:

Die Depression ist ein jahrelanger Zustand, betrifft die ganze Person und prägt die gesamte Persönlichkeit. Die Erfahrungen der Überforderung und der Brüchigkeit, die depressive Menschen als Kinder machten, sind dabei entscheidend für eine depressive Entwicklung.

Depressive Menschen leiden jahrelang meist ohne zu wissen, was mit ihnen los ist. Ihren Zustand in Worte zu fassen gelingt ihnen kaum. So, wie sich ihre depressive Entwicklung über Jahrzehnte hinweg hinzieht, ist auch der Weg zum Suizid für die, die ihn gehen, ein langer und belastender. Kurzschlusshandlungen kommen bei depressiven Menschen selten vor. Sie sind dafür einfach nicht geschaffen.

Die Depression ist ein stilles und heimliches Leiden. Die depressiven Menschen sind in ihrem Denken und in ihren Mustern gefangen. Deshalb ist die Depression auch ein Zustand der Einsamkeit, und die letzte Etappe gehen depressive Menschen allein, noch einsamer als sie es je in ihrem Leben waren. Wenn sie eine Vorstellung von der Zukunft haben, dann die, dass alles noch schwerer, noch belastender und noch unbefriedigender wird. Sterben bedeutet für sie nicht mehr aufwachen müssen, den Kreislauf durchbrechen vom immer Müssen, immer von neuem in den Tag steigen, mit den gleichen Ängsten und Befürchtungen und mit der gleichen Erschöpfung. Zur Ruhe kommen und nicht mehr getrieben sein vom ewigen Müssen und Nichtgenügen, diese Gedanken vom Tod lassen sie den letzten Gang mit Überzeugung gehen.

DEPRESSIVE MÜDIGKEIT UND LEBENSMÜDIGKEIT

Die Depression bedeutet chronischen Stress und chronische Erschöpfung aufgrund der in der Kindheit gelernten depressiven Verhaltensweisen. Depression ist falsch gelerntes und falsch gelebtes Leben. Jede Depression hat zu tun mit Unfreiheit und Zwang. Man kann sich nicht über Jahre ungestraft erschöpfen und überfordern, nicht jahrelang Raubbau an Körper und Seele betreiben. Zunehmende Ermüdung und Erschöpfung beherrschen das Leben der depressiven Menschen immer mehr. Die Müdigkeit nimmt einen immer größeren Platz ein und bestimmt immer mehr ihr Denken.

- Sie sind müde vom Leben,
- müde von den täglichen Einschränkungen,
- müde von der inneren Leere;
- müde, sich und die anderen aushalten zu müssen;
- müde von der Müdigkeit;
- müde von der Kraft- und Energielosigkeit, dass nichts einfach geht, alles mühsam und beschwerlich ist und sie alles hinter sich bringen, ohne Lust, Freude und Begeisterung;
- müde vom Fehlen ihrer Lebendigkeit;
- müde vom Sich-nicht-Spüren;
- müde von der Hoffnungs- und Perspektivlosigkeit.

Depressive Menschen sind erschöpft von ihrem Leben und verlieren immer mehr die Kraft, sich zu motivieren und aufzuraffen. Es gibt für sie keine irgendwie positive Vorstellung der Zukunft, keinen Glauben an irgendeine Verbesserung ihrer Lebenssituation, keinen Glauben mehr an ärztliche oder medikamentöse Hilfe. Sie wollen auch nichts Neues mehr probieren. Sie fühlen sich nur noch erschöpft und verbraucht.

Sie haben gelebt, aber nie im Bewusstsein: *»Das ist mein Leben, das ich lebe.«*

Sie lebten ein Leben, in dem sie nicht vorkamen, in dem es nicht um sie ging. So weiterleben wollen sie nicht. Nur leiden, nur psychischer Schmerz, nur Enttäuschung und Frust. Einmal ist es genug, einmal wollen auch sie nicht mehr. Depressive Menschen sind müde von ihrem Leben, das sie so wie bisher nicht mehr leben können oder leben wollen. Nach soundso vielen Versuchen, weiterzugehen, wollen sie nicht mehr, kommen sie an den Punkt, von dem

sie dann auch nicht mehr abweichen: »*Ich will nicht mehr.*«
Einmal ist es zu viel, dann kann und will der Körper nicht
mehr und der Kopf mag auch nicht mehr und gibt auf.

Wenn depressive Menschen heute argumentieren, sie
seien müde von ihrem Leben, müde vom ewigen Müssen
und vom chronischen Stress, wenn sie sagen, dass irgend-
einmal alles zu viel ist und sie nicht mehr wollen, wird das
nicht akzeptiert, weder von der Ärzteschaft noch von den
Politikern oder der Kirche, die das Argument der Lebensmüdigkeit für einen assistierten Suizid nicht gelten lassen.

Es ist für mich durchaus nachvollziehbar, dass es Menschen gibt, und es sind nicht wenige, die sagen: »*Lebensmüde, ja, das ist schlimm, aber doch noch lange kein Grund,
sich das Leben zu nehmen, und ganz sicher nicht, dass sie dazu
auch noch Hilfe bekommen sollen von irgendwelchen Institu-
tionen, die sie nach Plan in den Tod begleiten. Es gibt doch so
viele und gute Therapie- und Hilfsmöglichkeiten, um zu einem
besseren Leben kommen zu können.*« Wer so argumentiert
vergisst aber, dass auch müde Menschen denken und Verantwortung für ihr Handeln übernehmen können und vor
allem, dass auch sie Anspruch haben, in ihrer Autonomie
respektiert zu werden. Es geht nicht an, diesen Menschen
ihre Willens- und Entscheidungsfreiheit abzusprechen. Das
aber geschieht, wenn man Menschen ihre Urteilsfähigkeit
abspricht und sie darüber entmündigt.

Keine Perspektive mehr zu haben und auch keinen
Wunsch mehr auf Neues, vor allem weil das Neue noch
mehr Einschränkungen bringt und noch weniger Lebensqualität, motiviert nicht, immer wieder neue Kräfte zum
Weiterleben zu mobilisieren. Wer müde ist vom Leben, kann

und will sich nicht mehr aufraffen. Weshalb auch die Kraft fehlt, etwas zu wollen; sich daran zu freuen ist sowieso kein Thema mehr. Freude und Zufriedenheit haben sich schon lange aus ihrem Leben verabschiedet. Was bleibt, ist Trost- und Freudlosigkeit, ein Sich-über-die-Runden-Quälen und Befürchten, den anderen immer mehr zur Last zu fallen. Wer will da richten, ob jemand, der einem solchen Leben ein Ende setzen will, das Recht dazu hat oder nicht? Wer will sich anmaßen zu sagen: »*Nein, das genügt nicht für einen Suizid?*«

Man muss nicht depressiv sein, um lebensmüde zu sein. Aber für die meisten Menschen ist lebensmüde gleichbedeutend mit depressiv und damit kein Grund für einen Suizid. Es wird suggeriert, dass der Betroffene aus einer momentanen Stimmung heraus nicht mehr leben will. Bei einer solchen Argumentation schwingt mit, dass der Betroffene charakterlich schwach ist – seien es fehlende Belastbarkeit oder Disziplinlosigkeit und Oberflächlichkeit, wenn er auf die Schnelle und aus einer Laune heraus sein Leben fortwirft. Dabei wird darüber hinweggegangen, dass freiwillig zu sterben immer ein langer und schwieriger Akt ist, einer, den niemand leichtfertig begeht. Der Gang ist für alle Menschen immer auch ein schmerzlicher. Im Leben bleiben ist meist einfacher, als freiwillig aus dem Leben zu scheiden, etwas, was sehr bedeutsam ist und meistens untergeht in der Diskussion um den Suizid.

DER DEPRESSIVE MENSCH
IST NICHT UNZURECHNUNGSFÄHIG

Die Depressiven sind sehr wohl in der Lage, für sich Verantwortung zu übernehmen. Das wird ihnen in der Regel auch nicht abgesprochen, außer wenn es um die Frage des Suizids geht. Depressive Menschen, die einen Suizid begehen, zeigen, wie geplant, wie gut vorbereitet und überlegt sie diesen Schritt machen. Da wird nichts dem Zufall überlassen. Alles ist geordnet, aufgeräumt und schriftlich festgehalten – genau wie bei den alten Menschen, wenn sie den Suizid für sich wählen. Depressive sind so belastbar, dass sie überlegen, entscheiden, verwerfen, hoffen und sehr lange zuwarten, bis sie so einen Schritt wagen. Sie sind sorgfältig und fast zwanghaft in ihrem Denken. Deshalb ist es falsch, ihnen fehlende Zurechnungsfähigkeit zu unterstellen.

Depressive Menschen sind nicht einfach die Armen, die überfordert und dem Leben nicht gewachsen sind. Sie sind auch nicht die, die sich einfach treiben lassen, sondern:

- Für die meisten depressiven Menschen ist ein zentrales Lebensprinzip, unabhängig und eigenständig ihr Leben zu gestalten.
- Sie wollen sich nicht bevormunden lassen und sich beim letzten Schritt die Verantwortung nicht rauben lassen.
- Sie wollen auch nicht mehr hinnehmen, dass man sie als krank oder gestört oder unzurechnungsfähig bezeichnet, wenn sie diesen Schritt gehen. Sie wollen diesen letzten Gang auch nicht als Fehlverhalten, als Irrtum oder als Fehler sehen oder von anderen so interpretiert wissen.

Es war für den depressiven Menschen, auch wenn andere es nicht erkannten, immer wichtig und selbstverständlich, sein Leben selbst in die Hände zu nehmen. So ist auch sein Sterben Ausdruck eines selbstverantwortlichen Umganges mit dem Leben: freiwilliges Sterben oder Aushalten bis zum Schluss. Bei allen ist der Weg zum Suizid ein langer und langwieriger Prozess. Die wenigsten gehen den Weg bis zum Ende, einige wenige aber sehr wohl. Wer will es ihnen verwehren, wenn sie kaum mehr Kraft haben und nur noch wenig Energie da ist und sie die fürs Sterben einsetzen wollen?

Depressive haben einen ausgeprägten Willen und eine enorme Disziplin. Wenn sie etwas wollen, dann schaffen sie es auch. Dann lassen sie sich durch nichts abbringen. Depressive Menschen stellen sich dem Leben. Auch wenn fast keine Kraft mehr da ist, raffen sie sich auf. Sie gehören nicht zu denen, die vor der ersten Schwierigkeit davonrennen und sich vor dem Leben drücken. Sie sind weder Weichlinge oder Angsthasen, was man ihnen gerne nachsagt. Auch in ihrem Leiden können sie die schwierigsten Aufgaben bewältigen und sind diejenigen, die nie aufgeben und eine Zähigkeit und Hartnäckigkeit an den Tag legen, die ihresgleichen suchen. Es bedarf viel, bis sie den Weg in den Suizid gehen; haben sie sich aber einmal dafür entschieden, dann hält sie nichts und niemand zurück, dann schaffen sie es auch.

4

DEPRESSION UND SUIZID

Depressive Menschen werden aus verschiedenen Gründen sehr häufig in Verbindung mit dem Suizid gebracht, zum Teil zu Recht, mehrheitlich aber zu Unrecht. Dass das so ist, hat ganz wesentlich damit zu tun, dass in der Regel die Diagnose Depression, wie wir gesehen haben, viel zu weit gefasst ist und damit zu Fehlschlüssen führt. Das schlägt sich dann als eine Überbewertung der Anzahl depressiver suizidaler Menschen in diversen Statistiken nieder. Diese Statistiken wiederum werden als wissenschaftliche Beweise in den verschiedensten Publikationen weiterverwendet und als Wahrheit verkündet. Wenn alles, was irgendwie traurig und belastet daherkommt, eine Depression sein soll, dann gibt es wahrscheinlich mehr depressive Menschen als solche, die nicht depressiv sind. Dann darf man sich auch nicht wundern, wenn als hauptsächlicher Grund eines Suizides überdurchschnittlich häufig die Depression genannt wird.

Wie depressive Menschen sich manchmal verhalten und von den anderen wahrgenommen werden, kann tatsächlich dazu verleiten, sie als suizidal zu betrachten. So erwecken sie leicht den Eindruck, in ihrem Leben nicht glücklich zu sein und sich nicht wohlzufühlen in ihrer Haut, was zu dem Schluss verleiten kann, dass für sie der Suizid nicht allzu fern ist oder von ihnen zumindest als eine ernsthafte Möglichkeit in Betracht gezogen wird, um ihr Leiden zu beenden. Dazu kommt, dass von den Fachleuten immer wieder darauf hingewiesen wird, dass Depressive grundsätzlich gefährdet sind, sich das Leben zu nehmen; eine Ansicht, die dann in der veröffentlichten Meinung wieder auftaucht, in Zeitschriftenartikeln, Ratgebern, im Radio, Fernsehen usw. Gerade in der populärpsychologischen Literatur wird ein Bild gezeichnet, als wäre die Depression gleichbedeutend mit dem Suizid, was noch mit literarischen Worten, *die Depression sei eine »Krankheit zum Tode«* beschrieben und untermauert wird.

In meiner therapeutischen Arbeit erfahre ich tatsächlich immer wieder von neuem, wie präsent für die depressiven Menschen der Gedanke an den Tod ist, wie sehr sich viele von ihnen danach sehnen, nicht mehr zu müssen, in Ruhe gelassen zu werden und Ruhe zu finden. Was aber noch nicht bedeutet, dass sie bei sich den Wunsch verspüren, aktiv Suizid zu begehen.

Zusätzlich zu den äußerlich vorhandenen Hürden kommen bei den depressiven Menschen die für sie typischen Gedankenmuster und Einstellungen hinzu, die ihnen den Weg zum freiwilligen Sterben erschweren oder gar verbauen. Nicht depressive Menschen haben in der Regel sogar weniger innere Barrieren und gedankliche und emotionale Hindernisse zu überwinden, wenn sie den Weg des freiwilligen

Sterbens gehen wollen. Depressive Menschen aber haben es von ihrer Persönlichkeitsstruktur her viel schwerer, Suizid zu begehen. Gerade weil sie es den anderen immer recht machen wollen, schrecken sie vor diesem letzten und endgültigen Schritt zurück. Weil sie schon immer Rücksicht auf andere genommen haben und ihnen auch jetzt nicht weh tun wollen, erwägen sie diesen Schritt lange nicht. So lange haben sie schon versucht zu verheimlichen, wie es ihnen wirklich geht, um weiter für die anderen da sein und funktionieren zu können. Deshalb kann von einer *besonderen Gefährdung* gerade der depressiven Menschen gar keine Rede sein. Ich halte diese Bemerkungen für so wichtig, weil man bei oberflächlicher Betrachtung der depressiven Verhaltensweisen natürlich zum Schluss kommen kann, dass jeder depressive Mensch ein potentieller Todeskandidat ist. Dass die Angehörigen in Panik geraten, wenn sie glauben oder auch mitbekommen, dass der depressive Mensch nicht mehr will und kann, verstehe ich sehr gut. Es kommt manchmal so endgültig und überzeugend daher, dass sie nicht anders können als zu glauben, dass der Tod ihres Verwandten, ihrer Frau, ihres Mannes oder Kindes kurz bevorsteht.

Hinzu kommt, dass die depressiven Menschen in den Medien oft als labil, nicht belastbar und unberechenbar dargestellt werden. So ordnet man ihnen Eigenschaften zu, die einen Menschen fast zwangsläufig in den »Selbstmord« führen würden.

Depressive Menschen sind aber, wie wir gesehen haben, sehr wohl zurechnungsfähig. Depressive Menschen sind sogar mehr als alle anderen gewohnt, unter Stress und Belastung nicht nur zu funktionieren, sondern großartige Leistungen zu vollbringen und Entscheidungen von großer Tragweite zu fällen. Wenn jemand in Ausnahmesituationen sich und sein Denken kontrollieren kann, dann sind es die Depressiven. Deshalb ist es falsch, wenn man glaubt, sich für sie entschuldigen zu müssen mit dem Argument, dass sie halt nicht anders können. Es kommt geradezu einer Beleidigung gleich zu behaupten, sie seien aufgrund ihres Zustandes nicht zurechnungsfähig und nicht verantwortlich für ihr Denken und Handeln. So mitfühlend das gemeint ist, dass man nicht zu streng über die Depressiven urteilen sollte, so anmaßend ist es auch. Wenn diese Menschen sich für den Suizid entscheiden, dann wollen sie dafür auch die Verantwortung übernehmen, weil sie es können und zu ihrer Entscheidung stehen.

In aller Regel wird die Depression als ein krankhafter Prozess angesehen, und so lässt sich leicht die Behauptung aufstellen, dass sich der Einzelne nicht selbst für den freiwilligen Tod entscheide, sondern dass die Krankheit dafür verantwortlich sei, da sie ihn förmlich beherrsche. Es wird gesagt, dass Depressive von sich aus gar nicht den Willen aufbringen würden, einen solchen Weg bei vollem Bewusstsein zu gehen. Es sei eben die Krankheit, die den Depressiven leite. Mit einer solchen Betrachtungsweise wird dem Depressiven die Fähigkeit abgesprochen, für sich zu sorgen und die Verantwortung für sich zu übernehmen. Er wird entmündigt und für lebensuntauglich erklärt, und das in einem dazu auch noch mitfühlenden und verständnisvollen Ton. Der Suizid eines depressiven Menschen ist entsprechend dieser Betrachtungsweise eine Handlung, die es mit allen Mitteln zu verhindern gilt. Es ist die Aufgabe jedes

Angehörigen, alles zu tun, damit der Depressive diesen falschen Schritt nicht macht. Fachleute, die ihn nicht zu verhindern wissen oder ihn nicht verhindern wollen, verletzen ihre Sorgfaltspflicht und können gesetzlich belangt werden.

Wer gegen den Suizid eingestellt ist, in welcher Form auch immer, zieht häufig das Argument heran, dass die meisten ihn aus einer »*depressiven Stimmung*« heraus begehen würden, womit wiederum die Depression ins Spiel gebracht wird. Ein großer Teil der Menschen, die Suizid begehen, werden folglich erst *im Nachhinein* als depressiv eingeschätzt. »*Über 90 Prozent aller Suizide werden von Menschen mit Depressionen begangen*«, sagt der Psychiater Florian Holsboer leichthin in einem Interview mit dem *Focus*[8]. Und diese Aussage wird kritiklos von den verschiedensten Medien weiterverbreitet. Eine genauere Prüfung dieser Aussage verbietet sich scheinbar bei der beruflichen Größe dieses Psychiaters.

FATALE SCHLUSSFOLGERUNGEN

Heute, wo die Depression mehr oder weniger wie eine Volkskrankheit betrachtet wird, werden all die Gefühle, die eigentlich normal sind und zum Leben gehören, zu etwas Krankhaftem, das man eliminieren muss. Da genügt es, müde zu sein, schlecht geschlafen und keinen Hunger zu haben, schon wird an eine depressive Verstimmung gedacht und entsprechend gehandelt. Man ist schnell mit Medika-

---

8 *Focus* 16 (2015), S. 27.

menten zur Hand. Menschen, auch wenn sie voller Angst und Panik sind, für sich nur noch schwarzsehen, keine Hoffnung mehr haben und niedergeschlagen sind, sind vielleicht traurig, enttäuscht, verzweifelt, belastet, aber deswegen müssen sie noch lange nicht depressiv sein. Wer aber diese Symptome zeigt, wird heute mit größter Wahrscheinlichkeit und mit größter Selbstverständlichkeit als depressiv bezeichnet und entsprechend behandelt. Es wird ein Bild vermittelt, als würden praktisch alle depressiven Menschen irgendwann einen Suizid begehen und damit wird aus dem Suizid eine typisch depressive Todesform. Es wird damit unterschwellig zum Ausdruck gebracht und zum großen Teil auch offen ausgesprochen, dass depressive Menschen nicht belastbar und dem Leben nicht gewachsen sind. Deshalb gehen sie aus dem Leben statt durchzuhalten. Damit wird der Suizid zu einer Todesform der Menschen, die nicht durchhalten können und sofort aufgeben. Auf diese Weise verrät der Suizid *Schwäche* und hat nichts mehr gemein mit einer sinnvollen, stimmigen oder menschenwürdigen Handlung. Der Suizid wird zu einer menschenunwürdigen Form des Sterbens. Wenn es scheinbar vor allem die depressiven Menschen sind, die Suizid begehen, und wenn man sie als Menschen sieht, die nicht durchhalten und alles hinschmeißen, wenn es nicht so geht, wie sie wollen, die schwach und weich sind, dann kann der Suizid tatsächlich keine gleichwertige Alternative zu einem natürlichen Tod sein.

Wenn es dem alten Menschen schlecht geht, er nicht weiß, weshalb er noch da ist und ihm jeder Tag länger und länger wird, langweiliger und sinnloser, dann kann für ihn ein möglicher und logischer Schluss sein, so nicht mehr weiterleben zu wollen. Aber auch er muss deswegen nicht depressiv sein, obwohl man ihm dieses Etikett anhängen wird. Auch ihm wird man anlasten, nicht durchzuhalten und das Leben leichtfertig wegzuwerfen. Sein Sterben wird man daher kaum in Zusammenhang bringen mit Besonnenheit oder gar mit Größe. Mit größter Wahrscheinlichkeit aber wird man als Ursache seines Sterbens die Depression hervorheben, der er angeblich zum Opfer gefallen ist.

In der Zeitschrift »*Die Bunte*« vom 11.12.2014 wird über eine Sonderausstellung zum Thema »Robert gedEnken« des niedersächsischen Landesmuseums und der Robert-Enke-Stiftung berichtet. Die Frau des Torwarts von Hannover 96, der sich 2012 vor einen Zug warf, wird darin mit den Worten zitiert, dass ihr Mann nicht »*freiwillig aus dem Leben geschieden*« sei, sondern seine »*Depression*« die Schuld daran trage. Womit sie nur sagt, was scheinbar alle sagen. Sie meinen es gut und denken nicht daran, dass mit einer solchen Aussage dem Depressiven die Verantwortung für sein Tun schlichtweg abgesprochen wird: »*Er hätte nicht so entschieden, das war nicht wirklich er, er war nicht er selbst, er kann nicht verantwortlich gemacht werden für diese Tat*«, so wird häufig argumentiert. Doch, er kann sehr wohl dafür verantwortlich gemacht werden. Er wollte so aus dem Leben. Er wollte nicht mehr leben, nicht mehr so leben. Er hat entschieden, er hat sich den Weg ausgesucht und gewählt und er ist den Weg gegangen, einen Weg, der sicher auch für ihn sehr schwierig war. Und es ist nicht so, dass er vorher nichts unternommen hätte: Psychiater und Medikamente

kannte er zur Genüge. Jemandem die Verantwortung abzusprechen – und sei es noch so gut gemeint – ist ein Akt der
Entmündigung. Wer den Suizid so plant und vollendet wie
es Robert Enke getan hat, hat das sehr bewusst und zielge-
richtet durchgeführt. Er hat das so gewollt und so bestimmt.
Und das ist bei den meisten depressiven Suizidalen der Fall:
Sie haben sehr viel versucht, vieles unternommen, ohne
dass es ihnen die Hilfe und Befreiung gebracht hätte, die sie
gesucht haben. Deshalb wählen sie den Weg, auch weil sie
den Glauben an eine Veränderung oder gar Verbesserung
verloren haben. Es stimmt einfach nicht, wenn behauptet
wird, dass man die Depression mit Medikamenten immer
in den Griff bekommen kann. Es würde stimmen, wenn
man sagen würde, dass es vielen depressiven Menschen dank
der Medikamente sehr viel besser geht, während andere in
ihrer Depression verharren und mehr vegetieren, als wirklich zu leben. Die Depression hat eben sehr viel mit einer
Persönlichkeitsentwicklung zu tun, sie ist kein augenblick-
licher Status, den man mal schnell chemisch ausradiert.

Auch hier zeigt sich wieder, wie wichtig eine klare Definition der Depression ist, wie ich sie im letzten Kapitel und
in allen meinen Büchern versucht habe zu geben. Sonst
wird man weiterhin überzeugt sein, dass die Depressiven
dem Leben nicht gewachsen sind und nicht belastbar, dass
sie zu schnell aufgeben, rücksichtslos handeln und die anderen ratlos und hilflos zurücklassen. Charakterlich stellt
dieses Urteil den Depressiven ein schlechtes Zeugnis aus.
Und damit werden auch die Stimmen wieder laut, die
sagen, dass man Depressive am Suizid hindern muss und

ihnen dabei keinesfalls noch helfen darf, aus dem Leben zu gehen. Es wird noch vehementer die Meinung vertreten, dass an ihrer Stelle entschieden werden müsse, weil sie krank und leidend sind, und ihnen nicht noch der Zugang für den begleiteten Suizid geöffnet werden dürfe. Wenn depressive Menschen die sind, die schwach und weich sind, dann wird der Suizid zu einer Todesform der Schwachen und nicht Belastbaren, dann ist der Freitod tatsächlich eine Handlung, vor der man alle Menschen warnen und schützen muss. Um zu verhindern, dass solche falschen Zusammenhänge geschaffen werden können, ist eine klare Erfassung und Eingrenzung der Depression notwendig.

Seit dem März 2015 ist das gängige Bild des Depressiven noch um einige Aspekte und Persönlichkeitszüge reicher geworden: Depressive seien zu allem fähig und sogar in der Lage, unschuldige Menschen in den Tod zu reißen. Sie könnten unberechenbar und sogar kriminell werden. Harmlos sehen sie aus, bewegen sich unauffällig, seien aber plötzlich zu einer ungeheuerlichen Tat fähig. Auch kalt und abgebrüht seien sie und von einer Aggressivität, die man bei ihnen bisher nicht gekannt und für möglich gehalten habe. Ich spreche vom Flugzeugabsturz in Frankreich, Seyne-les-Alpes, am 24.3.2015, mit hoher Wahrscheinlichkeit bewusst von dem Co-Piloten Andreas Lubitz ausgelöst. Die Presse spricht von einer krankhaften Depression des Piloten und zwar durchweg in einer Art, als würde diese Diagnose alles erklären. Die unausgesprochene Botschaft lautet: Depressive Menschen sind gefährlich! Flugzeugpassagiere müssen vor ihnen geschützt werden! Die Airlines sollten alles tun, um zu verhindern, dass depressive Piloten ein Flugzeug steuern. Im Cockpit darf man sie nicht allein lassen!

Das Verhalten des Piloten ist in der Tat an Grausamkeit kaum zu überbieten. Man kann nur fassungslos versuchen, diese Tragödie zu verstehen, was aber kaum gelingt, ist doch der Tod von 149 unschuldigen Passagieren durch nichts ungeschehen zu machen und mit nichts zu entschuldigen. Etwas anderes ist es, wie darüber geschrieben und gesprochen wurde. Es wird darüber berichtet, als sei einzig und allein »eine Depression« an dem Geschehen schuld, woraus folgt, dass ab heute alle Depressiven potentielle Mörder und Kriminelle sind. Weil sie, wie man gesehen hat, in manchen Fällen zu allem fähig sind.

Depressive sind nicht nur wenig belastbar und weich, wie man bis jetzt angenommen hat, sondern dazu auch noch unberechenbar und gefährlich, wie man jetzt mit aller Härte erfahren musste. Sie sehen nur sich. Sie sind nicht in der Lage, sich in andere hineinzuversetzen, sondern sogar bereit, im eigenen Interesse über Leichen zu gehen. Man kann und darf ihnen nicht mehr trauen. Sie begehen Taten, die das Vorstellungsvermögen des normalen Menschen bei weitem übersteigen. Damit wird die Stigmatisierung der Depression nicht nur weitergeführt, sondern ins Maßlose gesteigert. In der Presse äußern sich die Fachleute und nennen als eine Ursache der Tat den angeblichen Tunnelblick, mit dem Depressive leben. Diese sehen weder links noch rechts und sind nur getrieben von ihren negativen und schwarzen Gefühlen und Stimmungen. Sie sind nicht nur krank, sondern dazu auch noch gefährlich, verantwortungslos und unmenschlich. Depressive können zu wahren Monstern werden.

Es ist schlimm, was man damit Depressiven antut, bevor man überhaupt weiß, ob tatsächlich eine Depression des Co-Piloten die Tragödie ausgelöst und dazu geführt hat, dieses Ende zu wählen. Mit der Depression hat man jetzt einen Grund, den Menschen immer brauchen, um sich etwas Unfassbares zu erklären.

Ganz deutlich zum Ausdruck kommt diese Meinung im Kommentar von Gerald Traufetter auf *Spiegel online* vom 13.3.2016 zum Abschlussbericht des Germanwings-Absturzes: »*Aber depressive Piloten müssen auch aus einem anderen Grund unbedingt aus dem Cockpit ferngehalten werden. Denn depressive Piloten sind in gefährlichen Situationen überfordert, weil sie eine eingeschränkte Wahrnehmung haben und im Stress mental zusammenbrechen würden.*« Weiter schreibt er: »*Piloten mit depressiver Lebensgeschichte dürften kein Problem mit einer Untersuchung durch einen Fachmediziner haben, zumindest dann nicht, wenn sie über ihren mentalen Zustand kein Geheimnis machen müssen.*«

Wie sollen sie denn offen sein können, wenn sie mit einem solchen Bild depressiver Menschen konfrontiert werden? Die französische Flugunfallbehörde scheint da ein differenzierteres Bild der Depression zu haben. Sie schreibt im Abschlussbericht:

»*Die EASA (Europäische Agentur für Flugsicherheit) sollte Modalitäten definieren, unter denen die europäischen Vorschriften es den Piloten erlauben würden, als flugmedizinisch tauglich erklärt zu werden, auch wenn sie Antidepressiva unter ärztlicher Aufsicht einnehmen.*«[9]

---

9 *Stern online*, 18.03.2016.

Aufgrund meiner langen therapeutischen Erfahrung im Umgang mit depressiven Menschen kann ich den meiner Meinung nach falschen Ansichten Folgendes entgegenhalten: Depressive können, auch wenn sie depressiv sind, absolute Höchstleistungen vollbringen. Nicht zuletzt haben viele Menschen in Führungsfunktionen mit ihrer Depression zu kämpfen, ohne dass jemand darum weiß. Depressive sind wahre Künstler beim Verstecken ihres wirklichen Zustandes und Meister im Sichüberwinden und Überfordern. Die Depression bleibt sehr lange Zeit, häufig auch für immer, nicht sichtbar und die Menschen sind in ihrer Leistungsfähigkeit nicht eingeschränkt. Sie brauchen zwar unendlich viel Kraft, das Gesicht nach außen zu wahren und nicht zu zeigen, wie es in ihnen wirklich aussieht. Eine Depression hat aber nicht per se mit einer Leistungseinbuße und verminderter Arbeitsqualität zu tun. Natürlich kreisen Depressive vermehrt um sich. Natürlich sehen sie vieles zu pessimistisch und zu negativ. Woraus aber nicht der Schluss gezogen werden kann, dass sie nicht logisch und klar denken können und sich aufgrund ihrer Stimmungen zu Fehlentscheidungen verleiten lassen. Aufgrund ihrer eher ängstlichen und unsicheren Grundhaltung sind sie in ihrem Arbeiten häufig geradezu besonders vorsichtig, kontrolliert und sorgfältig. Ich bin überzeugt, dass in vielen Berufen mit hohen Ansprüchen und einer hohen Verantwortung Menschen mit depressiven Zuständen höchst qualifizierte und verantwortungsvolle Arbeit leisten. Bestätigt wird diese Aussage durch folgenden Bericht der Schweizerische Depeschen-Agentur: Sda vom 14. 12. 2016.

»Hunderte Piloten weltweit könnten einer neuen Studie zu-

folge an Depressionen leiden – aber aus Angst vor Problemen im Job keine Hilfe suchen. Bei mehr als jedem zehnten Pilot, der an einer anonymen Online-Studie der Elite-Universität Harvard teilnahm, seien Anzeichen für eine Depression erkennbar, berichteten die Forscher. Ihre Studie veröffentlichten sie im Fachjournal Environmental Health. *Zitat: › Wir haben herausgefunden, dass viele Piloten, die derzeit fliegen, mit depressiven Symptomen kämpfen. Es gibt einen Schleier der Verschwiegenheit um psychische Probleme im Cockpit. ‹«*

Wer depressiv ist, ist also sehr wohl leistungsfähig. Über eine sehr lange Zeit ist der Depressive dank seines Pflichtbewusstseins und seiner Ausdauer sogar ein besonders engagierter Mitarbeiter. Die Gefahr besteht aber, dass es irgendwann einmal zu viel wird. Für jeden, der aus irgendeinem Grund ständig über seine Grenzen geht, wird es einmal zu viel. Wenn sie ihre Überforderung nicht zugeben können und wie bisher immer weitermachen müssen, kommt es tatsächlich zum Zusammenbruch. Von daher muss eine Depression kein Ausschließungsgrund sein, wohl aber sollte sichergestellt werden, dass, wer sich zu seiner Depression bekennt, die Auszeit und Unterstützung erhält, die er braucht, und keine Angst haben muss, mit der Diagnose Depression seinen Job für immer zu verlieren. Wer das befürchten muss, verschweigt und manövriert sich damit in eine äußerst schwierige Situation, weil der Druck immer mehr zunimmt, der Druck, nicht zu versagen, und der Druck, mit seiner Depression nicht erkannt zu werden. Er wird weitermachen, bis er kräftemäßig nicht mehr kann und sich arbeitsunfähig schreiben lassen muss. Das ist der

Weg, wenn er nicht mehr kann und nicht mehr mag – dann geht nichts mehr, auch kein Suizid und sicher kein planmäßig ausgeübter Mord an anderen.

Offenkundig ist man aber sofort bereit, einem depressiven Menschen eine solche Tat zuzutrauen. Ich habe im Zusammenhang mit dem erwähnten, bewusst herbeigeführten Flugzeugabsturz mit ganz wenigen Ausnahmen nirgends und nie gehört, *»aber das machen depressive Menschen doch nicht«.* Immer wurde sofort davon ausgegangen, dass die Tat aufgrund der Depression des Piloten Sinn macht, man sie deshalb nicht mehr hinterfragen muss und dass er deswegen bereit war, die Menschen an Bord der Maschine mit sich in den Tod zu reißen.

Ich bin überzeugt, dass die Depressiven zu einer solchen Tat gar nicht in der Lage sind. Es muss etwas anderes dahinterstecken, das den Piloten zu einem solchen Verhalten geführt hat: zum Beispiel die Angst, den Job zu verlieren, Wut, Hass oder Rachegefühle auf Vorgesetzte und der Gesellschaft gegenüber. Aber auch andere Motive wären möglich: Im *Stern online* vom 8. 3. 2016 kann man lesen:

»Nur zwei Monate, bevor Andreas Lubitz eine Germanwings-Maschine zum Absturz brachte und 149 Menschen mit in den Tod riss, drohte offenbar ein italienischer Pilot mit einer ähnlichen Tat. Wie die britische Zeitung The Times *berichtete, soll der Mann seiner Frau nach einem Streit eine SMS geschickt haben, in der er ankündigt, im Falle der Trennung ein Passagierflugzeug zum Absturz zu bringen.«*

Ich denke mit aller Vorsicht, dass ein Düsseldorfer Neurologe mit seiner Diagnose »hypochondrische Störung« richtiger lag als die anderen Fachleute mit ihrer Diagnose Depression. Lubitz schien von einer geradezu panischen Angst besessen gewesen zu sein, zu erblinden. Am 23. März 2015 schrieb er eine Patientenverfügung, in der er handschriftlich notierte, wann die Verfügung umgesetzt werden solle: Wenn er »*durch Blind- und Taubheit nicht mehr am Leben teilhaben*« könne.[10]

Depressive Menschen nehmen sich selbst nicht wichtig. Nicht, dass sie alle deswegen so etwas wie »Gutmenschen« sind. Sie können auch hart sein, aber meistens sich selbst gegenüber, aber einen Suizid begehen sie nur für sich allein, wenn sie nicht mehr weiterleben wollen. Und zu einer kriminellen Tat sind sie schon gar nicht fähig. Lubitz, der Co-Pilot, hatte angefangen, eine Autobiographie zu schreiben. Macht das jemand, der sich selbst nicht wichtig nimmt? Sucht ein depressiver Mensch, der sich in allem überfordert fühlt, 41 Fachärzte auf, um dann doch nur das zu machen, was er wollte? Ich bin überzeugt, dass es Lubitz über weite Strecken sehr schlecht ging, aber depressiv war er mit größter Wahrscheinlichkeit nicht – das sage ich mit allen Vorbehalten.

Depressive Menschen begehen einen Suizid nicht, weil sie nicht mehr zurechnungsfähig sind und nicht mehr klar denken können, sondern weil sie klar und nüchtern Bilanz ziehen und für sich eine Entscheidung treffen. Für sich und mit sich ganz allein. Depressive hinterlassen, wenn sie Sui-

---

10 *Stern online*, 18.03.2016.

zid begehen, meist alles sehr geordnet und abgeschlossen. Das könnten sie nicht, wenn sie so denken und handeln würden, wie man sie heute immer noch sieht: verwirrt, umnebelt, chaotisch und unfähig, einen klaren Gedanken zu fassen.

Der Suizid des Depressiven hat nur mit ihm selbst zu tun. Es geht um ihn, um das Beenden *seines* Lebens, das er so nicht mehr leben will – sein Suizid hat *nichts* damit zu tun, es jemandem zurückzuzahlen, ihm eins auszuwischen, ihn bestrafen oder sich an jemandem rächen zu wollen. Das sind mögliche Motive von frustrierten und verbitterten Menschen, von Menschen, die eine Rechnung begleichen oder ein Zeichen setzen wollen für sich und ihre Unsterblichkeit. Es sind die verhärmten und gekränkten Menschen, die sich nicht selten in ihrer Größenphantasie, die Depressiven vollkommen fremd ist, Szenen der Vergeltung und Rache ausmalen. Aber auch für sie gilt, dass der Weg von den Gedanken hin zur Tat lang und beschwerlich ist und nur äußerst selten tatsächlich gegangen wird. Hier, beim Flugzeugabsturz geht es um etwas, was den Depressiven fremd ist: Rache, Vergeltung, Bestrafung, um Größenwahn möglicherweise auch.

Depressive sind nicht krank, impulsiv oder gar kriminell, wenn sie ihr Leben abschließen, das kann nicht oft genug gesagt werden. Etwas für sich tun, was andere missbilligen und nicht verstehen könnten, ist für sie fast nicht möglich. Sie spüren geradezu, was andere von ihnen erwarten und das zu respektieren und zu erfüllen ist eine der Verhaltensweisen, die bewirkt, dass sie sich immer nur zurücknehmen und dabei überfordern. Sie gehören einfach nicht zu denen, die schnell und unüberlegt eine so schwerwiegende Handlung begehen wie einen Suizid. Sie sind die Bedächtigen, die Langsamen und deshalb lassen sie es viel eher darauf ankommen, irgendwann überhaupt keine Energie mehr zu haben als zu irgendeiner gezielten Handlung. Wenn sich dann auf diese Weise ihre Depression manifest äußert, werden sie eher handlungsunfähig. Meistens läuft es auf eine Form resignativen Rückzugs hinaus und eben nicht auf einen Suizid; aber wenn, dann sicher nicht in einer Form, die Unschuldige trifft.

Der Pilot hat sich mit seinem Suizid zum Massenmörder gemacht. Viele Menschen mussten ihr Leben lassen und die Depressiven werden es weiter schwer haben. Eine furchtbare und tragische Bilanz für alle.

5

DIE DEPRESSIVEN MUSTER
UND DER SUIZID

Man kann einen Zusammenhang zwischen der Depression und dem Suizid sehen. Es gibt ganz bestimmte, typische Eigenschaften und Charakterzüge des depressiven Menschen, die man durchaus in Verbindung mit dem Suizid bringen kann:

- Wer sich keinen Wert zumisst, wie es die depressiven Menschen tun, hat auch nichts zu verlieren und geht leichter aus dem Leben. Wer sich nicht wertvoll vorkommt, kann sich auch nicht vorstellen, dass andere ihn vermissen und um ihn trauern würden.
- Wer davon ausgeht, dass man nicht ihn liebt, sondern höchstens schätzt, dass er derjenige ist, der dafür sorgt, dass es anderen gut geht, ist überzeugt, dass diese zwar alle seine Leistungen vermissen werden, aber nicht ihn als Person und Mensch.
- Wer sich nichts zutraut, traut sich auch nicht zu, weiterleben zu können. Wer immer nur musste und nie wollte, kann nicht im Leben bleiben wollen.

- Wer sich ständig überfordert und ermüdet, hat irgendwann einmal keine Kraft mehr zum Weiterleben.

Das ist die Situation des depressiven Menschen: weder in sich noch in der Welt zu Hause zu sein. Für so einen Menschen ist der Tod häufig näher als das Leben, ist die fehlende Zuversicht bestimmender als das Vertrauen und die Hoffnung geringer als der Mut zum Weiterleben.

Dafür, dass depressive Menschen suizidal sind oder »sein müssten«, sind die mit ihren depressiven Verhaltensmustern zusammenhängenden, typisch depressiven Themen verantwortlich:

- In ihrem ganzen Leben haben sie in vielen Bereichen nie wirklich gewählt und nicht wirklich entschieden. Das meiste von dem, was sie dachten und taten, war von außen und anderen Personen bestimmt. Das Gefühl, etwas für sich gewählt zu haben, etwas, was sie nur für sich umsetzen wollten, kennen sie kaum.
- Depressive Menschen sind da und doch nicht da, sie leben und leben doch nicht, sie sind mitten im Leben und doch nicht dabei.
- Es geht in ihrem Leben immer um andere, aber nie um sie selbst. Andere waren in ihren Augen immer wichtiger als sie.
- Ängste sind ihnen immer gegenwärtig.
- Von ihrem Selbstbild her haben sie nicht viel zu verlieren. Wer sind sie schon? Ein Nichts, ein Niemand und was soll so jemand auf dieser Welt?
- Auch in sich sind sie nicht beheimatet. Nichts stimmt

und nichts ist gut. Ihr Leben ist immer Krampf und Kampf, ständig überleben statt leben, nie Zufriedenheit und Ruhe.

Wer so lebt, scheint eben auch schnell aufzugeben. Aber nicht so die Depressiven! Sie halten durch, erzwingen ihr Weiterleben, weil sie in ihrem Leben etwas anderes nicht kennen als aus- und durchzuhalten und sich zu überwinden. Ihr Umgang mit sich ist geprägt von Härte, Lieblosigkeit und Strenge. Deshalb ist der Suizid für sie so fern. Sie denken ans Sterben, weil ihnen so vieles in ihrem Leben nicht lebenswert erscheint, und doch halten sie durch, länger als viele andere. Dabei müssen sie sich tagtäglich von neuem aufraffen. Es gibt für sie kein Sichauflehnen. Der Suizid ist für depressive Menschen nah und konkret, aber gleichzeitig weit entfernt. Eine Todesform, die eigentlich zu ihnen passt, und doch sterben sie anders, eben so, wie die meisten anderen Menschen auch – eines natürlichen Todes irgendwann.

Depressive werden geleitet vom Müssen: Suizid begehen aber müssen sie nicht, dazu fühlen sie sich innerlich nicht gedrängt. Wenn sie sich das Leben nehmen, ist es das Resultat einer wohlüberlegten Entscheidung und nicht Ausdruck einer Zwangshandlung. Nirgends sind und fühlen sie sich so frei wie im Denken über den Suizid. Es gibt kein innerliches Müssen, kein Erfüllen von Erwartungen. Auch habe ich in meiner therapeutischen Praxis noch nie erlebt, dass sie sich von außen gedrängt fühlten oder glaubten, dass der Suizid von den anderen erwartet wird. Eher wird erwartet, dass sie weitermachen, daran arbeiten, wieder gesund und normal zu werden, nicht aber dass sie sich das Leben nehmen. Da sind sie frei. Da redet ihnen niemand hinein, da gibt es keine Erwartungen oder Forderungen, die es zu erfüllen gilt.

Wenn sie gedrängt werden, dann darin, diesen Schritt *nicht* zu tun. Und dennoch bleibt der Suizid immer ein Thema für sie. Sie leben mit einer ständigen Angst, ohne Zuversicht und Hoffnung und mit der Erfahrung, dass ihr Leben für sie Überforderung, Stress und Unsicherheit bedeutet. Das alles wären in der Tat einleuchtende Gründe, um aus dieser Welt zu gehen. Dazu kommt sicher auch, dass bei vielen der Suizid, zumindest in ihrer Vorstellung, eine letzte gute Tat wäre, die sie für die anderen vollbringen könnten, um ihnen nicht weiter eine Last zu sein. Für die depressiven Menschen ist das Leben Kampf, Freudlosigkeit und Erschöpfung – alles keine ausreichenden Bedingungen für ein zufriedenes und erfülltes Leben, sondern vielmehr Argumente, es zu beenden.

In erster Linie sind es die depressiven Muster, die den depressiven Menschen an den Rand seiner Kräfte und nahe an den Suizid bringen. Da kommt keine Lebensfreude auf, gibt es keinen Platz für Geselligkeit, Zufriedenheit und Lebensqualität. Da geht es ums nackte Überleben und nicht ums Genießen und Sichverwirklichen. Da ist die Angst, dass irgendwann die Kraft fehlt, der ständige Begleiter. Für die depressiven Menschen gilt:

- Wer nie genügt, kann sich auch nicht vorstellen, das Leben weiter zu meistern und ihm gewachsen zu sein.
- Wer sich nicht wirklich einlassen kann, sei es in Beziehungen oder ins Leben, verlässt schneller die Welt, weil er gar nicht richtig lebte.
- Wer nicht bei sich und in der Welt zu Hause ist, der verliert nichts, wenn er geht.
- Wer sich selbst verloren hat, hat nichts mehr zu verlieren.

Es gibt so vieles, das den Depressiven den Suizid erleichtert oder den Weg zum freiwilligen Sterben ebnet. Und dennoch, und das ist das eigentlich Erstaunliche, tun es so wenige! Es gäbe so viele Gründe, weshalb der selbstgewählte Tod ihr Denken und Leben immer mehr bestimmen müsste. Sie sind vollauf mit sich beschäftigt und damit, wie sie über die Runden kommen. Die Gedanken an den Tod begleiten sie zwar ihr ganzes Leben, aber nur selten *beherrschen* sie ihr Denken und *bestimmen* ihre Handlungen. Depressive Menschen leben nicht wirklich und sind doch so weit weg vom Sterben. Oder anders gesagt: Weil sie nicht wirklich im Leben stehen, sind sie auch dem Sterben so fern.

Das Leben für die depressiven Menschen wird mit der Zeit immer schwieriger und mühsamer. Sie werden müde von einem Leben ohne Aussicht auf Veränderung. Ihr täglicher Kampf macht sie mürbe und verlangt alles von ihnen. Immer nur leiden und immer nur trauern nehmen alle Hoffnung und jegliche Zuversicht. Sie haben so vieles schon versucht, haben mit viel Hoffnung Neues ausprobiert, versucht, kleinere oder größere Veränderungen im Alltag, in den Beziehungen und im Beruf umzusetzen. Wie oft versuchten sie sich einzureden, dass das Leben auch für sie noch besser werden kann, haben allen möglichen Leuten geglaubt und ihre Ratschläge anzuwenden versucht. Aber ihr ganzes Bemühen hat nicht die geringste Verbesserung gebracht. Weder ihre Gesamtsituation noch die Stimmung oder das Lebensgefühl haben sich verändert, einzig ihre Selbsteinschätzung ist noch klarer und eindeutiger geworden: »*Ich schaffe es nicht, ich schaffe nichts, was immer ich versuche, es gelingt mir nicht.*« Irgendwann einmal sind Hoffnung und Illusion verschwunden und ihr Fragen und Befragen wird eindringlicher und verbindlicher: »*Will ich so leben, wenn ich keine Kraft habe, mich zu freuen und etwas zu wollen? Hat für mich so ein Leben noch einen Sinn, wenn mir die Energie und der Wille fehlen, mir neue Ziele zu stecken oder dem Leben einen neuen Sinn zu geben? Will ich überhaupt noch?*« Bis sie sich sagen: »*So nicht mehr, das will ich nicht, das brauche ich nicht. Nein, ich will nicht mehr.*«

Das ist ihr Leben, so fühlt es sich für sie an. Der Einzelne aber kann den Schritt in den Freitod nur wählen, wenn

- er immer mehr Angst hat im und vor dem Leben;
- er sich selbst verloren hat und, so widersprüchlich es klingt, immer mehr in sich und seinem Denken gefangen ist;
- er sich immer mehr von den anderen, den Nächsten, entfernt und
- er sich den Schritt kräftemäßig auch zutraut.

Mit sich und dem Leben nicht mehr zurechtzukommen, das ständig zu erleben, ohne es ändern zu können, es nicht mehr auszuhalten, dass die Gefühle der Sinnlosigkeit immer schwerer wiegen, lassen den Entschluss, das Leben zu beenden, immer konkreter werden.

Zu lange hat die Leidenszeit gedauert, zu zermürbend war der tägliche Kampf. Und dann fassen sie den Entschluss, dass es jetzt genug ist. So können sie gehen, so stimmt es für den Einzelnen unter ihnen, aber eben nur für ganz wenige. Alle anderen bleiben trotz all dem im und am Leben.

WESHALB SO WENIG DEPRESSIVE TATSÄCHLICH SUIZID BEGEHEN

Ich beschreibe diesen Prozess in diesem Kapitel so ausführlich, um zu zeigen, wie schwierig und komplex für den depressiven Menschen der Weg in den freiwilligen Tod ist. Es braucht ein enormes Durchsetzungsvermögen, viel Kraft und Überzeugung, um eine suizidale Absicht in die Tat umzusetzen. Wer *bewusst* den Weg in den Tod geht, wie manche alte und depressive Menschen, geht einen anstrengenden, steinigen und einsamen Weg.

Einerseits gibt es, wie im vorigen Abschnitt angesprochen, viele Gründe, die dem Depressiven einen Suizid nahelegen würden. Diese Menschen bringen auch durchaus Eigenschaften mit, damit dieser auch gelingen würde, und trotzdem tun die meisten von ihnen den letzten Schritt nicht. Nicht, weil ihr Leben besser wird oder sie glauben, dass sich alles zum Guten wendet, sondern weil sie den

Schritt nicht gehen *wollen,* weil sie im Leben bleiben *wollen,* obwohl sie das Leben alles andere als befriedigend erleben.

Depressive Menschen verfügen einerseits über viele Eigenschaften, um keinen Suizid zu begehen, und es sind gleichzeitig dieselben Eigenschaften, die andererseits dazu beitragen, dass diejenigen, die diesen Schritt gehen wollen, ihn selten, aber dann auch tatsächlich und sehr bewusst tun. Sie zeichnet eine hohe Frustrationstoleranz und eine ausgeprägte Zielstrebigkeit aus. Sie setzen das durch, was sie sich vorgenommen haben, und das trotz fehlender Geduld und fehlender Kraft. Mit anderen Worten: Mit genau diesen Eigenschaften können sie bleiben oder gehen. Beides ist möglich. Depressive Menschen sind Stehaufmännchen, die immer meinen, noch mehr und länger dranbleiben, aushalten und sich zusammenreißen zu müssen. Das ist ihre Stärke und gleichzeitig ihre Schwäche. Sie nehmen nicht Rücksicht auf ihre Befindlichkeit und überschreiten ständig ihre Grenzen. Sie sind diejenigen, die jahrelang Raubbau an sich und ihrem Körper betreiben. Depressive machen alles so lange, bis es einfach nicht mehr geht. Deshalb dauert die Regeneration so lange, ist die Müdigkeit so tief, weil sie zu lange ausgehalten und sich bis zum letzten Tropfen förmlich ausgewrungen haben. Wer sich jahrelang über seine Grenzen hinaus fordert und ausnützt, hat am Schluss keine Kraft mehr, einen gezielten Weg in den Tod zu gehen. Er resigniert. Es fehlt ihm die Kraft dazu. Und ohne es wirklich zu wollen geht nichts, vor allem kein so schwieriger und langer Weg hin zum Suizid. Wer die Kraft nicht hat zum Wollen und zum Leben, dem fehlt sie auch zum Sterben.

Wenn man den depressiven Menschen einen Vorwurf

nicht machen kann, wenn es einen Vorwurf gibt, der wirklich total falsch und verletzend ist, dann ist es der, dass sie zu schnell aufgeben und sich nicht zusammenreißen, dass sie nicht belastbar und nicht lebensfähig seien. Sie sind weder schwach noch verwöhnt, sie sind auch nicht besonders anspruchsvoll und fordernd. Im Gegenteil, wäre es für sie möglich, mehr an sich zu denken, ginge es ihnen besser und sie kämen auch nicht in Grenzbereiche des Lebens. Sie geben nicht auf, obwohl sie nicht mehr an eine Verbesserung glauben und jede Hoffnung begraben haben. Depressive, die Suizid begehen, lassen es nicht bis dahin kommen, dass sich bei ihnen ihre Depression abschließend *manifest* äußert. In der *Manifestdepression* ist der letzte Schritt nicht mehr machbar, weil sie dann gar nichts mehr wollen und können, es gar nichts mehr gibt, das nur annährend ihre Müdigkeit überwinden ließe.

Nur wer sich aufrafft, solange noch ein Funken Kraft in ihm ist, geht den Weg in den freiwilligen Tod und zwar sucht er ihn, bevor er vor den anderen das Gesicht verliert. Dann geht er den letzten Schritt bestimmt, klar und im vollen Bewusstsein. Er geht ihn in voller Verantwortung und totaler Zurechnungsfähigkeit. Und er geht ihn so, dass er mit größter Sicherheit gelingt. Dann mobilisiert er alle Energie für diesen für ihn letzten und wichtigsten Weg. Dann gibt es für ihn nur noch diesen Weg, nach dem Motto *»Alles oder nichts«.* Wenn das Leben nicht mehr geht, dann bleibt nur noch der Tod. *»Wenn ich nicht mehr leben will, dann will ich sterben.«* Dass sie etwas, was sie wollen, auch tatsächlich erreichen, haben sie im Leben genügend gezeigt. An etwas festhalten, von dem sie überzeugt sind und konsequent, ja stur durchziehen, war eines ihrer Charaktermerkmale. Sich alles abzuverlangen, von sich das Letzte zu fordern und ihre Grenzen dabei zu überschreiten, haben sie im Leben gelernt. Da können sie sich auf sich verlassen.

Sie können den letzten Schritt tun, das ist eine Option. Die Freiheit zu haben, den Schritt trotzdem nicht zu tun, führt vielfach dazu, dass sie ihn tatsächlich nicht machen. Es gibt allerdings auch andere Wege als den in den Tod. Denn je weniger Kraft der depressive Mensch hat, desto mehr nimmt er sich zurück. In der Folge wird er ruhiger, fühlt sich weniger unter Druck, hat weniger Schuldgefühle und kann sich so langsam erholen.

Wer keine Kraft mehr hat zum Leben, hat auch keine Kraft für den beschwerlichen Weg zum Suizid. Wer kaum mehr Kraft hat, schont sich automatisch, fordert auch kaum etwas von sich und so kann die Erholung und Regeneration greifen. Ein solcher Weg entsteht nicht aufgrund eines Entschlusses, sondern erwächst aus der Tatsache, dass etwas anderes gar nicht mehr geht. Resignation kann auftauchen im Sinne von *selbst mich umzubringen geht nicht mehr*, oder der Depressive spürt weder Enttäuschung noch Trauer oder Verzweiflung, sondern einfach nichts. Er kann bei sich bleiben, sich mit dem auseinandersetzen, was ihn im Moment beschäftigt, was mit ihm zu tun hat. Er muss sich weniger mit den anderen beschäftigen und sich weniger bewegen zwischen Dankbarkeit, Schuldgefühlen und Wut. Er fühlt sich weniger als Versager, weniger als der, der den anderen Probleme macht. Wenn es ihm wieder besser geht, bedeutet es nicht, dass er nicht mehr depressiv ist. Er bleibt latent depressiv mit all seinen depressiven Mustern, aber wieder mit mehr Kraft und wieder mit mehr Energie – mit mehr Energie zum Leben – oder zum Sterben.

Der Depressive kann seine Kräfte auch für sich und seinen Weg aus der Depression einsetzen. Er kann versuchen, mehr auf sich zu schauen, mehr Verantwortung für sich zu übernehmen und sich in seinem Leben, Denken und Fühlen mehr selbst zu berücksichtigen. Je mehr er zu sich kommt, desto mehr verlässt er die depressiven Muster. Das geht jedoch selten ohne professionelle Hilfe und die findet er oft aufgrund von Anstößen anderer, die der Meinung sind, dass er endlich etwas für sich tun solle. Er entscheidet sich nicht für das Leben, sondern in erster Linie für sich und damit fürs Leben.

Neben den depressiven Mustern und dem nachlassenden Zustand seiner Lebenskraft gibt es noch einen anderen Aspekt, der depressive Menschen am Leben halten kann: Wenn sie ihrem Leiden einen Sinn und eine Bedeutung geben, ist ihr Leiden nicht umsonst, hat auch ihr ganz eigenes Leben einen Sinn. Und der kann für sie lauten: »*Wie immer mein Leben aussieht, wie immer ich es gestalte, es ist wertvoll.*« Und vielleicht gibt es ja ein Jenseits, das für alles Leiden und allen Schmerz entschädigt. Der Mensch kann sich sagen, auch Gott hat ausgehalten, auch er hat sich seinem Leben und Leiden gestellt. Dem Leben einen Sinn zu geben kann heißen, für sich in dieser Welt eine Aufgabe haben, die es zu erfüllen gilt und sei es nur noch da zu sein für die Angehörigen.

Für viele Menschen, vielleicht sogar die meisten, ist es gar keine Frage, ob sie das Leben selbst beenden wollen oder nicht. Suizid kommt für sie einfach nicht in Frage:

Aushalten und ausharren bis zum natürlichen Ende sind angesagt – und das ganz ohne moralische oder religiöse Begründung. Einfach so. Einfach so weiterleben wie bisher und es wird sich schon richten. Es wird kommen, wie es kommen muss.

WER SEIN LEBEN NICHT LEBT …

Es gibt für die depressiven Menschen so viele Gründe, dem Leben ein Ende zu setzen, was aber meistens fehlt, um den Weg tatsächlich auch zu gehen, und was für die Durchführung und das Gelingen notwendig wäre, sind:

- die Energie, um überhaupt den Weg zu gehen;
- der Glaube daran, dass es gelingt;
- die Sicherheit, dass sie sich auf dem Weg in den Tod auf sich verlassen können;
- die Fähigkeit, nur sich im Auge zu haben und zu wissen, was sie wirklich wollen;
- Verantwortung für sich zu übernehmen und ihr Leben zu gestalten.

Um den letzten Schritt gehen zu können, braucht es kein noch größeres Leiden, sondern die Kraft zum Denken und Planen und die Kraft zum überzeugten Durchführen. Es bedarf einer klaren Entscheidung und des deutlichen Willens, sein Leben selbstgewählt zu beenden. Und dieser Wille, sich für das Sterben zu entscheiden, fehlt in den meisten Fällen – im Gegensatz zu ihrem Willen zum Über-

und Weiterleben, der sie ihr ganzes Leben angetrieben hat. Man kann es auch so ausdrücken: Wer sein Leben nicht lebt, kann auch seinen Tod und sein Sterben nicht leben. Wer sein Leben nicht gestalten kann, kann auch seinen Tod nicht gestalten. Wer in seinem Leben nicht über sein Leben bestimmen konnte oder wollte, kann und will auch über seinen Tod nicht bestimmen. Wer nur überlebte, bleibt im Überleben stehen.

Auch Selbstzweifel und die Unentschlossenheit hindern die depressiven Menschen daran, neben dem, was an Aufgaben alltäglich für sie anfällt, auch noch ihren Suizid zu planen. Dazu reicht die Kraft einfach nicht, und wo die Kraft fehlt, da fehlen die Überzeugung, die Eindeutigkeit und auch der Wille, sich und die Gedanken des freiwilligen Sterbens durchzusetzen, sich immer wieder neu auf diese Gedanken zu konzentrieren, sie umzusetzen, statt einfach nur daran zu denken.

Beim Gedanken an den Suizid fehlen oft auch die Eindeutigkeit und Zielgerichtetheit. Den Tod wirklich zu wollen und gedanklich immer wieder dranzubleiben, übersteigt ihre Möglichkeiten. Und darum bleibt für die meisten alles beim Alten. Und wo die Kraft zum Wollen fehlt, fehlt auch der Glaube ans Gelingen. Also müssen sie im Zweifel sehen, wie sie über die Runden kommen, und sind gezwungen, sich auf das Notwendigste zu konzentrieren.

Wenn man genau hinsieht, kann man feststellen, dass depressiven Menschen, wenn es ihnen schlecht geht, meist die Kraft fehlt, um einen Suizid zu planen, geschweige denn ihn auszuführen. Wer sich sein Leben lang verausgabt, dem fehlt meist der Wille, nur noch an sich zu denken und sein

Lebensende nach *seinen* Vorstellungen zu gestalten. Ihr Leben nach den *eigenen* Vorstellungen, Wünschen und Bedürfnissen zu planen, haben die Depressiven schon seit langem verlernt und deswegen scheuen sie auch die Entscheidung, ihrem Leben selbst ein Ende zu setzen.

Es wird viel diskutiert, dass es wichtig sei herauszufinden, ob ein alter Mensch aus einer Lebensmüdigkeit heraus nicht mehr leben will oder ob dieser Wunsch einer Depression entspringt, weil depressive Menschen eben besonders gefährdet seien. Wenn eine Menschengruppe gefährdet ist, dann aber sicher nicht die Depressiven. Es sind die anderen, die »Gesunden«, die viel eher bereit und in der Lage sind, diesen Schritt zu tun.

Die Gründe, die es den depressiven Menschen erschweren oder gar verunmöglichen, den Weg in den Tod zu gehen, haben häufig auch mit ihrer Selbsteinschätzung und ihre Selbstkommunikation zu tun:

- *»Ich genüge nie, ich schaffe nie etwas Rechtes und so wird auch der Suizid nicht gelingen.«*
- *»Soll ich oder soll ich nicht, wie soll ich, wann soll ich – ich kann mich nicht entscheiden, ich weiß nicht, was ich tun soll.«*
- *»Ich habe Angst vor jedem neuen Schritt, den ich mache.«*
- *»Was, wenn es nicht gelingt? Dann ist alles noch schlimmer als vorher.«*

Warum ihre Gedanken an den Tod selten handlungsbestimmend werden, hat auch damit zu tun, dass sie fürchten, es nicht mehr zu schaffen, und es sich auch nicht zutrauen, gegen all die Widerstände und Hindernisse anzutreten. Sie getrauen sich nicht, gedanklich weiterzugehen, sie trauen sich nicht, sich mit dem Thema immer tiefer zu befassen und vor allem mit dem ultimativ letzten Schritt. All dies verlangt Mut, Risikobereitschaft, ein klares Denken und eine exakte Planung. Sie spüren, dass sie die Kraft dafür nicht aufbringen und zu sehr mit der Bewältigung des Alltages beschäftigt sind. Dort sind sie in der Lage, unter schwierigsten inneren und äußeren Bedingungen etwas sauber und korrekt zu planen und durchzuziehen. Dort geht es *um andere,* um Pflichten und Erwartungen, dort funktionieren sie bestens, obwohl sie es sich selbst gar nicht zutrauen und sich diese Fähigkeit und Belastbarkeit innerlich absprechen.

Der depressive Mensch ist sehr stark geleitet von übernommenen und nicht hinterfragten Glaubenssätzen, von Verhaltensnormen und einem ausgesprochenen Pflichtgefühl: *»Das macht man nicht, aus dem Leben auszusteigen, das Leben hat man weiterzuführen und zu leben, da gibt es keine Korrekturen oder Abkürzungen. Wenn das alle machen würden! Was denken die anderen, was ist mit denen, die an dich glaubten? Man darf nicht selbst entscheiden, sondern hat auszuführen, das zu leben, was einem gegeben wird. Suizid ist Egoismus und daher nicht tolerierbar. Du hast nicht zu entscheiden, du hast nur dein Leben zu leben und zu tun, was du immer schon getan hast.«*
Auch religiöse Prägungen spielen hier manchmal hinein und lassen die Menschen gar nicht an die Möglichkeit eines Suizides denken. Hinzu kommt, dass sich Depressive in

ihrem Leben besonders daran orientieren, was die anderen von ihnen denken: *»Was ist richtig, was muss ich machen, damit ich ja nichts falsch mache? Was muss ich machen, dass die anderen mit mir zufrieden sind? Was erwarten sie von mir?«*

Sich das Recht zu nehmen zu entscheiden, etwas für sich zu tun, und sich zu erlauben, an sich zu denken, geht fast gar nicht. Das haben sie kaum je gemacht. Sie haben bislang nach Grundsätzen gelebt, die dem widersprechen, sich jetzt mit einem Mal einen so gewaltigen Schritt zuzutrauen. Und dann leben sie weiter, was sie eigentlich nicht wollten, und spüren wieder einmal, dass sie nicht auf sich geschaut haben und nicht für sich eingetreten sind, was sie noch trauriger werden und noch mehr an sich zweifeln lässt. Dann leben sie ein Leben weiter, das sie gar nicht wollen. Es braucht meist sehr viel Zeit, viele Anläufe, bis sie so weit sind, diesen Schritt, wenn überhaupt, tatsächlich zu gehen.

ERFAHRUNGEN EINES THERAPEUTEN

Ich bin jetzt über 40 Jahre als Psychotherapeut tätig und habe mich all die Jahre vorwiegend mit depressiven, aber auch viel mit älteren Menschen beschäftigt. Dank ihrer Offenheit und Ehrlichkeit durfte ich von ihrem inneren Leiden viel erfahren. Ich habe mitbekommen, wie sie ums Überleben kämpfen, ums Leben überhaupt. Ich durfte miterleben, wie sie hin- und hergerissen waren zwischen leben und sterben wollen. Oft haben wir gemeinsam nach Begründungen gesucht, um im Leben bleiben zu können. Zusammen haben wir Strategien entwickelt für den Zeitpunkt, an dem sie nicht mehr leben oder den Schritt aus dem Leben machen wollen. Wir haben zusammen alle Möglichkeiten des Weiterlebens und alle möglichen Argumente für den Tod vorwärts und rückwärts besprochen, manchmal waren sie sehr nahe dran, den letzten Schritt zu tun, um dann sich und dem Leben doch noch eine weitere Chance zu geben. Ich habe zusammen mit den Klienten gelitten, wir haben Abschied genommen und doch wieder Ja gesagt zum Leben. Es hat uns alle viel, viel Kraft gekostet. Es war häufig nicht einfach, so selbstverständlich vom Sterben zu sprechen und von Tabletten, die sie für sich und für den Fall der Fälle gehortet haben. Aber es hat sich gelohnt, miteinander im Gespräch zu bleiben. Daher weiß ich, mit wie viel Verantwortung sie für sich und ihre Mitmenschen den für sie richtigen Weg suchen. Es ist ein Leidensweg, den sie gehen. Da gibt es keine Halbheiten, kein Sichverstecken und Sich-etwas-Vormachen. Da geht es um alles, um Leben und Tod. Freiwillig sterben wollen und den Weg des Entscheidens und Handelns wirklich zu gehen ist härteste Arbeit. Sie verlangt dem Menschen alles ab. Da wird er bis zum letzten gefordert, durchgeschüttelt und getroffen. Nicht zuletzt deshalb sind die Umstände, unter denen sich diese Menschen entscheiden – egal, für oder gegen das Weiterleben – so schwierig und gleichzeitig, wenn sie sich entschieden haben, so richtig und stimmig und letztlich auch so würdevoll.

Für viele Menschen sind es am Ende ganz wenige Themen, mit denen sie sich zum Teil Tag und Nacht beschäftigen müssen und die ihnen keine Ruhe lassen, bis sie eine für sie richtige Entscheidung getroffen haben. In diesen entscheidenden Momenten der Auseinandersetzung werden bewusste und auch bis dahin unbewusste Lebensstrategien oder Lebensentwürfe sichtbar und wirksam. Sie sind es, die die Menschen dazu bringen, loszulassen und sich der Natur oder einer höheren Macht zu übergeben oder mitzuentscheiden und das Ruder bis zum Schluss in den Händen zu halten. Anhand von zwei Beispielen, die für ein »Weiterleben« stehen, was mit der ursprünglichen Intention, bewusst den Suizid zu wählen, nicht übereinstimmte, möchte ich dies näher beschreiben.

Für Herrn M., 79-jährig, weder depressiv noch krank, waren es Worte, die sich ihm ständig aufdrängten, die er bekämpfte und doch nicht loswurde: »Wer Suizid begeht, flieht, ist egoistisch und rücksichtslos. Er verschwindet, und die anderen müssen dann schauen, wie sie damit fertig werden.« So sehr er sich immer wieder sagte, dass er aus eigener Verantwortung heraus diesen Schritt machen will, dass es seine Angelegenheit ist, wenn er freiwillig gehen will, und es eine Entscheidung ist, die er sich abringt, verstummten diese Worte nicht. Er fand keine für ihn überzeugenden Argumente, die diese an ihm nagenden Gedanken aufzulösen vermochten: »Wer Suizid begeht, der flieht und ist feige.« Diese Stimmen wurden so laut, machten ihn so hilflos und müde, dass er den Entschluss, freiwillig zu sterben, aufgab. Es war für ihn zwar nicht stimmig, aber er musste sich eingestehen, dass er die Kraft nicht aufbringt, sich gegen diese massiven Einwände durchzusetzen. Auch wenn er anfänglich sehr mit sich und seinem Aufgeben haderte, hat er sich in der Folge damit abgefunden und versöhnt. Der Satz:

»Wenn ich es nicht schaffe, auch wenn ich mich noch so bemühe, dann muss es auch seine Richtigkeit haben«, hat ihm dabei sehr geholfen, seine Entscheidung als seine ureigene Lösung anzunehmen und nicht als Versagen oder Schwäche zu sehen.

Für Frau M., 66-jährig, weder krank noch depressiv, war es die Mutter, die ihr den Weg in den Suizid »versperrte«. Mit sich war sie im Reinen, für sie stimmte die Entscheidung, freiwillig aus dem Leben zu scheiden. Wenn nicht, ja, wenn da nicht die Mutter gewesen wäre. Ihr zuzumuten, mit dem Tod der Tochter fertig zu werden, dass sie freiwillig geht und zwar noch vor ihr, das brachte sie einfach nicht über sich. Der Mutter das anzutun, das schaffte sie nicht, das konnte und wollte sie nicht, auch wenn sie für sich mit dem Leben abgeschlossen hatte. Sich einzugestehen, dass sie es nicht über sich bringe, der Mutter diesen Schmerz und dieses Leiden anzutun, dass sie einmal mehr ihre Bedürfnisse und das, was ihr wichtig ist, zugunsten der Mutter zurückstelle, war für sie anfänglich schwierig anzunehmen. Der Gedanke aber, dass es ganz fest mit ihr zu tun hat, dass sie es nicht fertig bringt, zeigte ihr deutlich auf, dass zu diesem Zeitpunkt ein Weitergehen auf dem Weg in den freiwilligen Tod für sie nicht möglich und stimmig ist und sie sich das auch nicht antun darf. Das half ihr, sich von der Entscheidung, selbstbestimmt zu sterben, zu distanzieren. Sie musste sich eingestehen, dass die Liebe und die Verantwortung für die Mutter stärker waren, als ihr Wunsch zu sterben. »Aber das letzte Wort ist noch nicht gesprochen. Mal schauen, wo ich stehe, wenn meine Mutter eines Tages sterben wird.« Diesen Trumpf wollte sie nicht aus der Hand geben.

Die Mehrzahl der Menschen merkt irgendwann auf dem Weg in den freiwilligen Tod, dass es nicht ihr Weg ist. Andere merken zum Beispiel ganz deutlich, dass es ihnen etwas ausmacht, wie man nach ihrem Tod von ihnen sprechen wird oder dass es ihnen auch wichtig ist, die Nächsten nicht zu enttäuschen. Vielen wird erst mit ihrem intensiven Denken ans Sterben richtig klar, was ihnen im Leben wichtig ist, was wirklich zu ihnen gehört und was sie auch im Sterben nicht aufgeben wollen. Andere wiederum müssen sich eingestehen, dass sie die Kraft und den Mut zu einem solchen Schritt nie hätten, so gern sie ihn auch gehen würden.

Jeder Mensch hat seinen eigenen und persönlichen Weg, und wenn er den gehen will und gehen *kann,* dann stimmt es für ihn. Einen Weg gehen, den man bewusst oder auch unbewusst wählt, den man nicht aus Gehorsam oder aus einem äußeren Druck heraus geht, ist immer ein stimmiger und würdiger Weg und bringt den Menschen Ruhe und Versöhnung.

Ich habe sehr viel mit Angehörigen zu tun gehabt, die einen nahen Menschen verloren haben, nie aber hat ein Klient von mir den letzten Schritt gemacht. So groß das Leiden auch war, wie stark der Wunsch, nicht mehr zu müssen und endlich Ruhe zu finden, die Kraft, im Leben zu bleiben, war immer größer. Nicht der Wunsch oder die Hoffnung auf ein besseres Leben waren die Triebfedern, sondern das, was man wahrscheinlich den Überlebenstrieb nennt. Nach wie vor bin ich überzeugt, dass nur verhältnismäßig wenige wirklich depressive Menschen Suizid begehen. Auch wenn heute mehr Betagte Suizid begehen als früher, sind die wenigsten von ihnen depressiv und ist ihre Zahl immer noch klein. Wenn sie aber Suizid begehen wollen, dann gelingt er ihnen, was auch als Hinweis darauf gewertet werden darf, dass sie einen solchen Schritt sehr genau planen und sorgfältig durchführen, und das ist nur bei wachem Verstand möglich.

Depressive Menschen begehen, so kann ich nach jahrzehntelanger therapeutischer Praxis zusammenfassend feststellen, sehr selten Suizid. Was einleuchtet, wenn wir daran denken, wie ihr Leben durch die depressiven Muster bestimmt und über weite Strecken festgelegt ist:

- Sie halten enorm viel aus. Sie sind gewohnt, dass es ihnen schlecht geht, sie kennen nichts anderes. So ist das Leben.
- Weil sie nichts anderes kennen, ist die Erwartung oder der Druck, dass es ihnen besser gehen muss, nicht groß.
- Sie arrangieren sich, passen sich an und sie gehören nicht zu denen, die einen großen Schritt machen, um ihre Situation zu verändern.
- Sie brauchen Sicherheit und Kontrolle und stürzen sich ungern ins Ungewisse.
- Sie tun sich schwer mit Entscheidungen. Sie brauchen Zeit, bis sie ganz genau wissen, was sie wollen, und noch länger, bis sie es auch ausführen können.
- Sie sind vollauf beschäftigt, über die Runden zu kommen, sodass kein Platz frei ist, sich auf Neues und auf Veränderung einzustellen.
- Sie fordern für sich nichts ein.

Depressive Menschen sind gewohnt, dass sie sich nicht gut fühlen, dass sie kraft- und energielos sind und dennoch durchhalten müssen. Es ist für sie alltäglich, dass sie leiden, dass ihr Leben so ist und sie gar nichts anderes kennen. Sie leiden seelisch und körperlich. Für viele ist der seelische Schmerz wie eine Wunde, die nicht heilt, die immer wieder von neuem aufbricht. Ein Schmerz, den sie in sich tragen, den sie nicht lindern und nicht zum Verschwinden bringen können. Ihre Tage und Nächte verbringen sie mit diesem Schmerz, der ein Teil von ihnen wurde, auf eine Weise, dass sie sich gar nicht mehr vorstellen können, wie es sich ohne ihn lebt und anfühlt. Und so gibt es für sie auch keine Hoffnung auf ein besseres Leben, weder hier auf dieser Welt noch anderswo. Daran haben sie sich gewöhnt. Aufzugeben ist auch deswegen keine Option, weil sie sich gar nicht befragen, was sie wollen oder nicht wollen. Nicht aufgeben bedeutet auch, sich und dem Leben immer wieder eine Chance geben – auch wenn sie selbst davon überhaupt nicht überzeugt sind.

Aber solches Denken und Verhalten ermüdet auch, hat zur Folge, dass der Depressive sich immer mehr in sich einmauert, was wiederum den Schritt zum Suizid erleichtert. Rückzug ist immer eine Bedingung hin zum Suizid. Und gleichzeitig bewirkt die zunehmende Ermüdung, dass der Depressive immer weniger unternimmt, immer passiver wird und sich damit vom Suizidakt selbst entfernt.

Wer depressiv ist, ist also kaum gefährdet, den Weg in den Suizid zu gehen. Wie die anderen Menschen wollen auch sie leben und weiterleben. Von einem solchen Entschluss abzuweichen und den Weg in den Suizid zu gehen, kostet sie all das, was sie nicht mehr besitzen: Kraft, Überzeugung und Eindeutigkeit im Wollen. Deshalb laufen sie weiter, bis sie die Kraft zum Weiterlaufen nicht mehr haben und manifest depressiv werden.

6

DER ENTSCHLUSS ZUM SUIZID

Obwohl der depressive Mensch sich wenig beheimatet fühlt in sich und in dieser Welt, sein Wohlbefinden und seine Zufriedenheit gering sind und die Hoffnung auf eine Verbesserung seiner Lebenssituation gleich null, dauert es sehr lange, bis der Gedanke an den Suizid bei ihm zu greifen beginnt. Er ist vollauf mit sich und der Gegenwart beschäftigt, was ihm wenig Zeit lässt, nach vorne zu schauen und sich Gedanken über ein Später zu machen, wenn für ihn schon das Jetzt zu viel ist und ihn überfordert. Wie soll denn die Zukunft etwas Gutes bringen, wenn die Gegenwart bereits so schwierig und belastend ist?

Auch wenn depressive Menschen zwischendurch plötzlich den starken Impuls verspüren, ihr Leben zu beenden, setzen sie ihn aus Gründen, die ich in den letzten Kapiteln bereits angesprochen habe, in den allerwenigsten Fällen um. Immer wieder erleben sie, dass es ihnen reicht, dass sie nicht mehr wollen, nicht einsehen, was das alles noch soll und weshalb sie sich so quälen müssen. Immer wieder gibt es Momente, in denen sie verzweifeln, sich nicht vorstellen können, so weiterzuleben, sie keine Hoffnung und Zuversicht verspüren, sondern nur Druck, Schmerzen und eine tiefe Trauer und Hoffnungslosigkeit. In diesen Augenblicken ist es ihnen ganz ernst, nicht mehr leben zu wollen, genug zu haben von allem – und dann? Dann machen sie weiter, wieder einmal und immer wieder. Manchmal suchen sie auch andere Menschen auf oder lassen sich in eine Klinik einliefern. Wenn sie für nichts mehr garantieren können, dann spüren sie, dass sie sich vor sich schützen müssen. Denn eines wollen sie auch in solchen Ausnahmezuständen nicht: sterben.

Es ist immer wieder erstaunlich, wie depressive Menschen dann, wenn es ihnen hundeelend geht, wenn sie glauben, nicht mehr tiefer fallen und nicht mehr noch intensiver leiden zu können, immer weitermachen, hunderte Male, tausende Male. Ich erlebe immer wieder, dass der depressive Mensch weiterlebt, auch wenn er nicht weiterleben will, dass er alles tut, um am Leben zu bleiben, obwohl er doch so unter dem Leben leidet. *Depressive Menschen sind nicht wirklich verbunden mit dieser Welt und hängen doch an ihr und ihrem Leben in ihr.*

Häufig ist der Wunsch übermächtig, zur Ruhe zu kommen und in Ruhe gelassen zu werden. Dann will der Depressive nur eines, sich zurückziehen können und in einer Klinik zur Ruhe kommen.

Aber wenn die Angst, mit dem Leben und mit allem, was noch auf ihn zukommt, nicht mehr fertig zu werden, ihren Höhepunkt erreicht, kann der Todeswunsch mit einem Mal übergroß werden. Dann überfällt ihn Panik und er will nur noch weg. Und es braucht nur ein paar ungute Begegnungen, damit der depressive Mensch tatsächlich eine Impulshandlung begeht und etwas macht, was ihm den Tod bringen kann. Meist sind es schwierig zu verstehende oder wenig einfühlende Bemerkungen von Angehörigen, von Vorgesetzten, vom Hausarzt oder von der Klinik, die ihn so stark verletzen, dass er jetzt wirklich nicht mehr will: *»Wenn die, die mir jetzt helfen sollten, so negativ und destruktiv reagieren, dann hat es wirklich keinen Sinn mehr.«* Wer in einer solchen Situation geht, obwohl er eigentlich gar nicht gehen will, ist nachher froh, wenn der Versuch misslingt. Ihm bleibt bewusst, dass er nicht gehen wollte, dass am Anfang einer solchen verhängnisvollen Kette nicht der Wunsch stand, aus dem Leben zu scheiden. Es war kein wirkliches Wollen und deshalb bleibt es meist bei dem einen Versuch.

Andere unternehmen den Versuch, aus dem Leben zu gehen, mit der Absicht, dass die anderen aktiv werden. Mit ihrem Versuch wollen sie – so paradox das klingt – einen wirklichen Suizid verhindern. Sie wissen, dass sie nicht sterben wollen, haben aber Angst, dass sie trotzdem etwas tun, das sie in den Tod führt. Sie unternehmen alles, damit sie am Leben bleiben und sich etwas ändert. Auch bei ihnen, die scheinbar hoffnungslos sind, stirbt die Hoffnung zuletzt.

SUIZID IST FÜR DEPRESSIVE MENSCHEN KEINE SPONTANE ENTSCHEIDUNG

Bis es zum Suizid kommt, muss der Depressive einen schwierigen Weg zurücklegen: hin und her überlegen, vorwärts und rückwärts denken, sich entscheiden, sich be- und hinterfragen, alle möglichen Aspekte einbeziehen, immer wieder von neuem beginnen, zweifeln und verzweifeln, überzeugt und sicher sein und eine Stunde später wieder alles verwerfen, hoffnungsvoll in die Zukunft schauen und dann wieder in ein Loch fallen und alles schwarz und übermächtig empfinden, an die anderen denken und diese dann wieder zur Seite schieben, wissen, was man will und dann sich wieder überhaupt nicht mehr mit dem Suizid beschäftigen wollen und ihn im nächsten Moment wieder weit von sich weisen, sich den Schritt zutrauen und dann zögern, sich fragen, dazu überhaupt in der Lage zu sein, sich Zeit geben, dem Leben wieder Raum und Hoffnung zuteilen und dann doch wieder sofort den Schritt tun wollen und sich unter massiven Druck setzen. Das meine ich, wenn ich immer wieder davon spreche, wie schwierig der letzte freiwillige Gang ist. Schwieriger kann man es sich nicht machen. Der Depressive geht diesen Weg, *muss ihn gehen,* auch wenn er ihn unendlich ermüdet und immer wieder verzweifeln lässt. Einen solchen schwierigen Weg gehen kann nur jemand, der gewohnt ist, unter permanentem Stress zu leben. Um immer wieder zum gleichen Thema zurückzukehren, braucht man Ausdauer und Disziplin. Depressive gehen nicht zuletzt auch deswegen einen weiten Weg zum Suizid, weil sie andere Menschen nicht enttäuschen und verletzen wollen.

Den Vorwurf, dass sie vorschnell und unüberlegt und einfach aus einer Eingebung heraus gehandelt haben, ohne sich der Konsequenzen bewusst zu sein, kann man gerade ihnen am wenigsten machen.

Wenn sie etwas wollen, wirklich wollen, dann machen sie es, auch wenn sie es auf eine Weise tun müssen, die ihnen nicht entspricht und die sie, wären sie wirklich frei in ihrer

Entscheidung, nie wählen würden. Sie wollen das Beste für die anderen und das Beste ist sicher kein Sterben »hintenherum«, heimlich und dazu noch häufig auf eine lieblose und brutale Art. Und das Beste ist sicherlich auch nicht, sich scheinbar einfach so davonzumachen. Es ist nur die beste Variante in einer Situation, nachdem sie alles andere versucht und durchgelebt haben. Es ist die beste Lösung, nachdem ihnen nichts anderes mehr übrigbleibt.

Die Depressiven nehmen sich die Zeit und fühlen sich nicht so unter Druck, weil sie gelernt haben, mit der Situation, in der sie sich befinden, anders umzugehen als die von Angst und Panik Geplagten. Depressive leben ihr Leiden, ihren Druck, ihre Ängste und ihre Hoffnungslosigkeit ja schon seit Jahren und Jahrzehnten. Auch wenn es noch so schlimm war, haben sie ausgehalten. Es gibt im Leben depressiver Menschen eben auch viele Phasen von Hoffnung, Phasen kleiner Veränderungen, die wieder Mut machen und Zuversicht vermitteln, dass es irgendwann besser geht. Aber eben auch immer wieder Abstürze, ein immer wieder von vorne Beginnen und wieder von neuem Hoffen und Vorwärtsgehen. Und dieses Auf und Ab, diese Wechsel und emotionalen Erschütterungen ermüden auch, und diese Erschöpfung raubt ihnen mit der Zeit jegliche Zuversicht und Hoffnung.

Mit jedem Versuch und mit jeder Enttäuschung benötigen sie mehr Kraft zum Vorwärtsgehen, braucht es mehr Überwindung, bis irgendwann einmal der Punkt kommt, wo auch bei ihnen die Gedanken entstehen, was das alles noch soll, dass eben *nicht* wieder alles gut wird und stattdessen immer sinnloser. Dann beginnt ein neuer Prozess, der in der Regel nicht Wochen und Monate dauert, sondern Monate und Jahre, bis der Gedanke an einen Suizid so klar und bestimmt vorhanden ist, dass sie ihn auch in die Tat umsetzen können.

DER KURZE WEG IN DEN SUIZID
DES NICHTDEPRESSIVEN

Menschen, die aus einer schwierigen, sie überfordernden Lebenssituation heraus nicht mehr leben wollen, aus Angst auch vor dem, was auf sie zukommen könnte oder zukommen wird, wie Bloßstellung, gesellschaftliche Ächtung, öffentlicher Gesichtsverlust, beruflicher Abstieg, eventuell strafrechtliche Verfolgung, sind am meisten gefährdet, Suizid zu begehen – und zwar *unüberlegt* und *panisch*. Ebenso gefährdet sind Menschen, die aufgrund von Enttäuschungen, nicht erfüllten Erwartungen oder zurückgewiesener Liebe nicht mehr leben wollen. Vielleicht ist auch die Hoffnung auf etwas, worauf sie ihr ganzes Leben aufgebaut haben, zusammengebrochen, hat sich das Einzige, wofür es sich für sie zu leben lohnte, in Luft aufgelöst. Wer seinem Gefühl nach *alles, aber auch alles* verliert, den hält nichts mehr am Leben, für den gibt es kein Nachher, für das zu leben sich lohnt. Um diese Menschen muss man sich sorgen, um *sie* muss man sich bemühen und sich kümmern. Hier gilt es, alles zu tun, damit sie zur Ruhe kommen, sich mitteilen können und verstanden werden. Ich sage das, obwohl ich weiß, dass es gerade *diese* Menschen sind, die jeglicher Beratung aus dem Wege gehen und sich jeder Einflussnahme entziehen. Diese Menschen, so panisch und angsterfüllt sie auch sind, sind nicht depressiv, auch wenn sie von Angst getrieben sind, nur schwarzsehen und keine Hoffnung mehr haben. Diese Menschen sind *verzweifelt,* belastet und zeigen oft auch die Symptome, die man so gerne und fälschlicherweise der Depression zuordnet. Diese Menschen sind auch nicht psychisch krank, auch wenn ihre Entscheidung zum freiwilligen Sterben kurzsichtig und einseitig sein mag. Sie bräuchten Hilfe und entziehen sich ihr gleichzeitig.

Wenn ein Mensch in dieser Situation Suizid begeht, ist er dann zu verurteilen? Wer darf sich anmaßen zu sagen, dass es ein sinnloser, unverständlicher und unverantwortbarer Schritt war? Wer will den Stab über einen solchen Menschen brechen und besserwisserisch urteilen: »*Es wäre doch alles nicht so schlimm gewesen oder geworden. Deswegen das Leben einfach wegwerfen, das macht man doch nicht. Wenn man an die Angehörigen denkt, dann stößt man diese doch nicht noch mehr ins Elend! Dieser Akt ist egoistisch und zeugt von geringer Belastbarkeit und Ehrgefühl.*«? Doch auch diese Menschen verdienen unseren Respekt und unsere Achtung. Für *sie* war ihr Schritt in dieser Situation die einzig mögliche Lösung, auch sie haben vorher alles versucht und am Ende dann doch nur den einen, für sie gangbaren Weg gesehen. Auch hier ist für eine Verurteilung kein Platz. Auch hier geht es um Verstehen und Respektieren. Hier vielleicht erst recht.

Natürlich wünschte man sich, dass diese Menschen eine andere Lösung als den Suizid gefunden hätten, dass sie in ihrer Not und Einsamkeit Hilfe und Unterstützung hätten annehmen können. Man wünscht sich, dass ein Mensch da gewesen wäre, dem gegenüber sie sich hätten öffnen können. Aber Menschen, die so unter Druck stehen, können und wollen sich nicht öffnen, sei es aus Angst, Scham oder Panik. In ihrer Einsamkeit sehen sie den Ausweg aus ihrer unendlichen Not nur den Tod. Dass diese Menschen in einer anderen Situation stehen und einen anderen Weg gehen als die depressiven und alten Menschen, ist mehr als offensichtlich. Diese Menschen brauchen Hilfe und Unterstützung, um nicht den Weg in den Suizid gehen zu müssen, die alten und depressiven Menschen brauchen Hilfe, um den Weg des assistierten Suizids gehen zu können.

Menschen, die *nicht* depressiv sind und Suizid begehen, reagieren panisch, so als bliebe ihnen keine Zeit mehr, sie sind überzeugt, dass eine Katastrophe über sie hereingebrochen ist, ein Unglück oder sonst etwas Unfassbares mit ihnen passierte. Sie handeln wie unter Strom. Entscheiden und Handeln erlauben keinen Aufschub. Sie unternehmen alles mit einer enormen Hektik, was sie am Ende dermaßen unter Druck setzt, dass ihnen ein sachliches und ruhiges Denken nicht mehr möglich ist. Sie scheinen einem inneren Drang zu folgen, jetzt sofort und nur so handeln zu müssen. Bei ihnen kann man wirklich von einer Art »Tunnelblick« sprechen, der keine anderen Sichtweisen mehr zulässt. Von ihnen würde wohl kaum einer, gäbe es den assistierten Suizid für alle, den Weg zu Ende gehen. Geduld und Besinnung fehlen für eine verantwortungsvolle Entscheidung, und damit auch die nötige Sorgfalt und das Verantwortungsgefühl, die für einen gesellschaftlich akzeptierten letzten Gang notwendig wären.

Menschen ohne depressive Verhaltensmuster sind auch

nicht über Jahre hinweg gewohnt gewesen zu leiden. Sie sind nicht gewohnt oder weniger gewohnt, unter Dauerstress und Dauerdruck zu leben. Sie sind nicht gewohnt, überfordert zu sein, als Versager zu gelten und dabei doch ihre Leistung zu erbringen. Sie sind nicht gewohnt, immer weiterzumachen, egal, wie schlecht es ihnen auch geht. Bei ihnen schleicht sich sehr viel schneller und lauter der Wunsch ein, das Leben zu beenden, wenn etwas gründlich schiefgelaufen ist und sie glauben, keinen anderen Ausweg für sich zu wissen. Nicht depressive Menschen haben nicht die Zähigkeit und Beharrlichkeit, auch nicht die Belastungs- und Leidensfähigkeit wie die Depressiven. Sie nehmen sich in der Regel selbst auch wichtiger als die Depressiven, finden ein schwieriges Leben auszuhalten viel schneller nicht mehr lebenswert. Sie wollen etwas anderes, wohingegen die Depressiven nichts anderes kennen.

7

ALTER UND SUIZID

Sterben ist der letzte Abschnitt des Lebens. Der Tod ist das andere Ende der Geburt. Beide sind fundamentale Wegzeichen des Lebens, wobei beim Tod der Mensch – im Gegensatz zu seiner Geburt – vielfach mitreden und mitentscheiden kann.

Zum Leben gehört die Selbstbestimmung und damit auch die Möglichkeit und Chance, über sein eigenes Sterben selbst entscheiden zu können, ob man nun davon Gebrauch macht oder nicht. Und bei dieser persönlichsten und privatesten Entscheidung zeigt sich, wie ernst man in der Gesellschaft die Selbstbestimmung und die Integrität des Menschen und nicht zuletzt die des alten Menschen nimmt. Hier entscheidet sich, ob man dem Einzelnen das Recht zubilligt, auch über diesen letzten Schritt eigenständig zu bestimmen, oder ob andere, sei es im Namen Gottes oder im Namen des Gesetzes, darüber befinden, wie weit die Selbstbestimmung des Menschen gehen darf. Und es entscheidet sich, wie ernst man die alten Menschen nimmt, wie viel Selbstverantwortung und Mündigkeit man ihnen zuspricht. Wer in ihnen nur vergreiste und überzählige Menschen sieht, ohne Perspektive und Wert, wird auch nicht die Größe und Würde sehen, die diesen Menschen und ihrem Sterben zukommt. Es geht bei diesen Fragen nicht zuletzt auch um das Vertrauen den alten Menschen gegenüber und wie viel an Willens- und Entscheidungsfreiheit man ihnen zutraut. Das gilt auch dann, wenn ein Mensch bewusst dem verstorbenen Partner nachfolgen will. Die Kraft und die Entschlossenheit, die hinter einer solchen Entscheidung stecken, zeigt sich häufig im bewusst und erfolgreich abgeschlossenen Sterbeschritt oder auch so, dass der Körper des Überlebenden nicht mehr will und aufgibt. In jedem Fall ist der Wille zum Sterben größer als der, allein weiterzuleben. Dass Ehepartner kurz nacheinander sterben, ist keine Ausnahme.

Für mich ist der Mensch in seinen Entscheidungen erst dann wirklich frei und autonom, wenn auch der begleitete Suizid als Todesform gesellschaftlich akzeptiert ist. Den alten Menschen respektieren heißt, ihm diesen Raum zu öffnen, der ihm eine Wahl- und Entscheidungsmöglichkeit garantiert. Solange das nicht geschieht, bleibt die Ächtung des Suizides und damit die Diskriminierung und Stigmatisierung des suizidalen Menschen weiter bestehen.

DEN WEG DES SUIZIDS ZU GEHEN IST AUCH FÜR ALTE MENSCHEN SCHWIERIG

Der Weg zum Suizid ist mit so vielen Erschwernissen gepflastert, dass auch in Zukunft nur wenige alte Menschen den Freitod wählen werden, obwohl die Zahl derer, die freiwillig aus dem Leben gehen wollen, zunimmt. Wer von ihnen sich aber einmal für diesen Weg entschieden hat, geht ihn mit einer unglaublichen Zielstrebigkeit und Entschlossenheit. Das zeigt sich nicht zuletzt darin, dass die Zahl der Suizidversuche bei alten Menschen im Verhältnis zu gelungenen Suiziden äußerst gering ist. Der Weg in den Suizid bleibt für sie dennoch schwierig und beschwerlich. Unendlich viel muss zusammenkommen, bis der alte Mensch den Willen und die Kraft aufbringt, diesen steinigen Weg zu gehen. Wenn er den Schritt machen will, dann handelt es sich um einen Entschluss, der eine lange Vorgeschichte hat und sich aus vielen Teilschritten zusammensetzt. Ein alter Mensch will sich mit einer Entscheidung von dieser Tragweite Zeit nehmen und er muss, was er vorhat, fest und klar wollen. Und vor allem muss es eine Entscheidung sein, die seinem inneren Gefühl, seiner inneren Stimme, entspricht. Äußerer Druck allein genügt nicht. Unter ihm würde er leiden, aber als Motiv zu einem Suizid genügt er nicht, genauso wenig wie begangene Suizide ihm bekannter Menschen. Es muss eine von ihm selbst als richtig angenommene und entsprechend gefühlte Entscheidung sein. Deshalb ist der Schritt, wenn er ihn denn macht, wohlüberlegt, emotional abgesichert und überzeugt. Und dann gelingt er auch in den meisten Fällen.

Viele alte oder ältere Menschen spielen zwar mit dem Gedanken, wie schön es wäre, nicht mehr aufstehen zu müssen, die Schmerzen und die Ängste nicht mehr aushalten zu müssen. Sie wissen aber sehr genau, dass sie nie aktiv aus dem Leben gehen werden. Zu denken, dass auf natürliche

Weise bald alles einmal ein Ende haben wird, macht vieles einfacher – und motiviert kaum jemanden, mit eigenen Händen zu seinem Ende beizutragen.

Man kann alle diese Zusammenhänge verstehen, wenn man versucht, dem Menschen, der sich mit dem Gedanken des Freitodes beschäftigt, selbst näher zu kommen. Erst wenn man ihn auf diese Weise zu verstehen beginnt, kann man ermessen, was ein solcher Schritt für einen alten Menschen bedeutet.

In der Praxis erlebe ich immer wieder, wie viel es für Suizidwillige zu klären und lösen gilt. Sie sind in ihrem Leben in so vielen intimen und sozialen Verbindungen gedanklich und emotional verstrickt, dass sie, wenn es für sie darum geht, sich Klarheit zu verschaffen, realisieren, wie vieles sie noch bindet und zurückhält. Auch werden sie mit Seiten von sich konfrontiert, die sie schon lange nicht mehr so deutlich gespürt haben. Sie erfahren sich selbstbewusst, über allem stehend und gleichzeitig zögerlich, feige, klein, verletzlich und ängstlich. Sie verirren sich in ihren gedanklichen und emotionalen Berg- und Talfahrten, die nicht nur für mich als Therapeuten, sondern auch für sie selbst kaum nachvollziehbar sind, manchmal nahe, manchmal fremd.

Verstehen lässt erahnen, wie schwierig dieser Schritt ist, wie viel Mühe und Arbeit an sich selbst er beinhaltet. Dann aber wird deutlich, dass der Suizid kein egoistischer und feiger Ausweg ist. Es ist ein Weg, der viel schwieriger zu gehen ist als das natürliche Sterben. Man muss sehr überzeugt sein von seiner Absicht, sonst getraut man sich nicht, unternimmt nicht alle Schritte, die notwendig sind, um den Tod definitiv zu finden.

Als altersweise gilt, wer sich versöhnt hat und mit sich, dem Leben und mit den anderen im Reinen ist. So wird das Leben im erfüllten Alter gern beschrieben. Das anzustreben sei oberstes Ziel. Ich bin überzeugt, dass das so auch stimmt. Das gilt nicht zuletzt ebenso für die depressiven Menschen, die sich ihr Leben lang um die anderen bemüht haben, die keinen Streit und keinen Konflikt aushielten und deswegen alles taten, um in Frieden und Harmonie leben zu können. Und es gilt für die alten Menschen, die nach einem erfüllten Leben in Frieden und Eintracht die letzte Lebensphase verbringen und ihre Welt auf diese Weise verlassen möchten. Deshalb ist ein freiwilliges Sterben für diese Menschen so schwierig, weil gerade das Versöhnen und Zur-Ruhe-Kommen ihnen vorenthalten bleibt. Und auch das macht den Suizid, wenn er denn begangen wird, zu einem derart einsamen Akt. Zu gehen im Bewusstsein, nicht verstanden zu werden, und seinen letzten Schritt und Willen nicht verständlich machen zu können, lässt alles in einem so traurigen Licht erscheinen.

Was aber ist so schlecht oder falsch daran, wenn ein alter Mensch findet, dass er sein Leben gelebt habe, dass für ihn der Zeitpunkt gekommen ist zu gehen und ihn das, was noch kommen mag, nicht mehr interessiert und ihn auch nicht im Leben zurückzuhalten vermag? Es ist doch nicht so schwierig zu verstehen, dass ein erwachsener und mündiger Mensch sein Lebensende in die eigenen Hände nehmen will. Es ist doch sein Recht, über sich und sein Sterben selbst zu bestimmen, so, wie man von ihm zeitlebens auch erwartet hat, dass er verantwortungsvoll sein Leben gestaltet und seine Aufgaben als Ehemann, Vater/Mutter und Bürger bestmöglich erfüllt. Weshalb akzeptiert man ein freiwilliges Sterben nur, wenn der Mensch sterbenskrank ist? Weshalb zählen die anderen Gründe, die für einen alten Menschen genauso stichhaltig sein können, so wenig?

Wer alt ist und sterben will, muss heute weiterleben. Alte Menschen sind, wenn sie gehen wollen, gezwungen, ein Leben zu leben, das sie nicht wollen, weil es von anderen als lebenswert und schützenswert definiert wird, eine Sichtweise, der sie sich unterzuordnen haben. *»Das Leben, auch ein altes Leben ist es wert gelebt zu werden. Nicht mehr leben wollen geht an der Größe und Einmaligkeit des Lebens vorbei.«* Es ist sicher legitim, so zu denken. Jedem Menschen aber sollte das Recht zugestanden werden, *selbst* entscheiden zu können, ob und wie er sein Leben beenden will. Er allein weiß, was für ihn richtig ist. An ihm liegt es, sein Leben so zu beenden, wie er gelebt hat und wie es für ihn stimmt. Da darf es keine Einheitslösung geben und kein von außen an die alten Menschen herangetragenes Diktat. Diese letzte Entscheidung ist nicht delegierbar und niemand sollte sich anmaßen, zu wissen und zu entscheiden, was für einen anderen Menschen stimmig und rechtens ist. Es geht beim Thema Suizid alter Menschen um Respekt und Achtung und um das Vertrauen in sie, dass sie sehr wohl in der Lage sind, verantwortungsvoll mit sich und ihrem Leben umzugehen. Zeitlebens waren sie besorgt, ihr Leben verantwortungsvoll zu führen und zu gestalten. Es ist respektlos, ihnen am Ende ihres Lebens zu sagen: *»Das mag zwar richtig sein, aber jetzt kannst du das nicht mehr, weil du alt und nicht mehr dazu in der Lage bist. Ab jetzt werden wir für dich entscheiden, denn wir wissen, was für dich das Beste ist.«*

Wer im Alter bewusst seinem Leben ein Ende setzen will, so die allgemeine Meinung, ist nicht zurechnungsfähig. Ich halte diese Betrachtung und die daraus abgeleiteten Einmischungen und Übergriffe für respektlos. Ein solcher Mensch ist auch nicht feige, wenn er nicht mehr leben will, und es ist nicht so, dass er dem Leben nicht gewachsen wäre, genauso wenig wie ein Mensch feige ist, wenn er im Leben bleiben will. Ich bin überzeugt, dass diesen Menschen gerecht wird, wer ihnen die Freiheit lässt zu entscheiden, ob sie den Schritt aus dem Leben freiwillig machen oder eines natürlichen Todes sterben wollen.

ALTER ALS »DEFIZIT UND SCHWÄCHE«

Wie erfahren alte Menschen, wie man zu ihnen steht, wie man sie sieht und über sie denkt? Einmal direkt aus den Medien, wo das Alter und die »Überalterung unserer Gesellschaft« zumeist als Kostenfaktor gesehen werden, auch hinsichtlich der Probleme, die sich daraus für die folgenden Generationen ergeben. Immer wieder hört und liest man, dass man auf die Dauer die Kosten, die die alten Menschen verursachen, nicht mehr tragen könne, oder dass es den Alten auf Kosten der Jungen zu gut gehe. Zum zweiten bekommen sie es von den eigenen Angehörigen zu spüren, die sich oft auch selbst als Opfer der älteren Generation sehen. Und auch die Medizin diskutiert vor ihren Augen darüber, dass sie es nicht mehr wert sind, diese oder jene Medikamente zu bekommen, dass diese oder jene Operation nicht mehr gemacht wird, dass bei ihnen gespart werden muss. Es ist offensichtlich, dass für die alten Menschen heutzutage oft ein rauher Wind weht. Sie spüren, dass sie Probleme verursachen und manche sagen sich, dass es vielleicht besser wäre, wenn sie verschwinden würden. Was nicht heißt, dass wer so denkt, auch so handelt. Aber es macht ihr Leben auf keinen Fall einfacher. Sie merken ja selbst, dass sie zur Last fallen, dass sie Kosten verursachen und der Gesellschaft scheinbar nichts geben können. Dass sie ihr ganzes Leben für die Gesellschaft da waren, dass sie gearbeitet und ihre Beiträge bezahlt haben und sie vielleicht auch ein Recht haben könnten, von ihrer Arbeitsleistung zu zehren, gerät dabei immer mehr in den Hintergrund. Sie haben doch ihren Teil geleistet und sollten ohne schlechtes Gewissen ihren Ruhestand genießen dürfen. Eigentlich eine Selbstverständlichkeit.

Auf der anderen Seite gibt es natürlich nicht wenige alte Menschen, die ein erfülltes und zufriedenes Leben führen und für die ein freiwilliges Sterben nie infrage käme. Sie genießen ihr Leben und sind rundum zufrieden, auch wenn es ihnen gesundheitlich nicht immer nur gut geht. Sie genießen das Leben mit Gleichaltrigen und nehmen häufig noch regen Anteil am Tagesgeschehen.

Die gesellschaftlichen Bilder und der Zeitgeist erzeugen Druck auf die Älteren unter uns. Sie lassen sie merken, dass sie zum Problem geworden sind, was für manche bedeuten kann: »*Ich bin überflüssig, stehe im Weg und bin eine Last.*« Das entspricht oft der Realität und ist weder Ausdruck einer Depression noch negativen Denkens. Sie spüren nur, dass sie vielen Menschen im Weg sind. Nicht mehr gebraucht werden ist eines, im Wege stehen, überflüssig sein und zur Last fallen wiederum etwas anderes. Solche Erfahrungen und Gedanken machen traurig, bedrücken und lähmen. Daraus ergibt sich kein gutes Lebensgefühl. Anderen im Wege zu stehen und selbst noch Freude zu haben im Leben wird zum Widerspruch, der bedrückt, nachdenklich macht und es erschwert, zufrieden zu sein. Dann ist es kein Wunder, dass sie ihr Leben infrage stellen, wenn sie sich quasi dafür entschuldigen müssen, dass sie noch da sind und nur noch kosten und nichts bringen. Wo vor allem die Leistung und das Geld zählen, haben die alten Menschen nichts zu bestellen.

Es wird mehr oder weniger deutlich gesagt: Die Alten sind im Weg, verursachen Kosten, verhindern oder torpedieren die spätere Rente der Jungen. Das Verhältnis zwischen Jungen, die zahlen, und Alten, die profitieren, schlägt immer mehr zuungunsten der jungen Menschen aus. Es gibt zu viele Alte und es werden immer mehr. Alte Menschen leben zu lange, nehmen den Jungen und jungen Familien günstige Wohnungen weg und sorgen dafür, dass die Krankenkassenbeiträge immer mehr steigen. Es gibt zu viele von ihnen auf der Straße, schon sieht man mehr Rollatoren als Kinderwagen, sie sind langsam und versperren den Weg. Im Verkehr sind sie sowieso ein Risiko. Am besten ist es, sie in ihre Heime außerhalb der Städte wegzusperren. Aber auch die Heimkosten werden immer unbezahlbarer und die alten Menschen beziehen Sozialhilfe, was die Steuerlast wieder steigen lässt. Solchen Einstellungen und Überlegungen können sich die alten Menschen kaum entziehen. Mit diesen Belastungen zu leben tut nicht gut und bestimmt wesentlich ihre Stimmung und die Gedanken an ihre Zukunft. Dass sich der eine oder andere unter ihnen überlegt, seinen Platz zu räumen, erstaunt nicht.

Natürlich rät ihnen niemand offen, ihrem Leben ein Ende zu setzen. Wie aber in der Gesellschaft von den alten Menschen häufig gesprochen wird, ohne Achtung und ohne Feingefühl, setzt ihnen zu. Dass sie nicht mehr vorkommen oder wenn, dann höchstens als Problem. Alte Menschen stellen heutzutage für viele oft keine Bereicherung mehr da, keinen Wert, den es zu schützen gilt. Es existiert auch keine Dankbarkeit für das, was sie im Leben geleistet haben. Von der Vergangenheit will man nichts wissen, nur die Gegenwart zählt und die sieht für viele Menschen nicht rosig aus.

Dennoch ist für die meisten alten Menschen Suizid kein Thema und noch weniger ein Trost oder Ausweg. Aushalten, hoffen und nichts verändern ist naheliegender, auch wenn für manche die Lebensqualität schon stark gelitten hat. Tatsache aber ist – und das belegen die zunehmenden Anmeldungen bei den Sterbebegleitungsorganisationen –, dass sich im Verhältnis immer mehr alte Menschen mit dem Thema Suizid beschäftigen.

Um über sich und sein Lebensende selbst bestimmen zu können, ist für ältere Menschen schon länger die Patientenverfügung ein Thema. In ihr wird festgehalten, dass man keine lebensverlängernden Maßnahmen wünscht und nur das an Medikamenten verabreicht werden soll, was Schmerzen lindert oder verhindert. Das wollen immer mehr Betagte. So viel Einfluss wollen sie nehmen. Es ist ihnen wichtig, damit zum Ausdruck zu bringen, dass man sich nicht den unzähligen Möglichkeiten der lebensverlängernden Maßnahmen der Medizin ausliefern will. Für die meisten Menschen genügt es, wenn sie auf diese Weise für ihr Sterben vorsorgen und die Angehörigen damit entlasten können. Mehr an Selbstbestimmung wollen sie nicht.

Hilfreich ist für viele auch der Weg, den ihnen die palliative Medizin anbietet, die die Beschwerden und Schmerzen des Kranken mildert und ihm auch noch im Sterben ein würdiges Leben ermöglicht.

GRÜNDE FÜR EINEN SUIZID IM ALTER

Neben den gesellschaftlichen Ursachen, die ich im vorherigen Abschnitt angesprochen habe, spielen bei den Gründen, die für einen selbstgewählten Tod sprechen, sicherlich auch noch ganz persönliche und individuelle Motive eine maßgebende Rolle. Die Vorstellung, als dementer Mensch in einer Ecke einer Pflegestation dahinzuvegetieren, die Vorstellung, wie ein Kleinkind zu sabbern, niemanden mehr zu erkennen und inkontinent zu sein, gehört dazu. Das Einfachste nicht mehr zu können, wie sich anzuziehen, auf die Toilette zu gehen, mit Gabel und Messer zu essen, mag ebenso ein wichtiges Argument sein, freiwillig den Schritt zu machen, während andere sich wie selbstverständlich auch in ein solches Leben schicken. Für manche wiederum wiegt der Verlust an Autonomie am schwersten. Das Ende des eigenständigen Lebens ist dann häufig auch das Ende des Lebenswillens. Manchmal ist es auch ein chronisches Leiden oder die Unmöglichkeit, aus körperlichen Gründen selbständig den

Haushalt zu führen, die den Sterbewunsch auslösen können. Heimeintritt heißt für viele, dass sie ihre Selbständigkeit aufgeben müssen, dass es jetzt nur noch darum geht, zu warten, bis sie ganz gehen können.

Dazu kommt, dass die Besuche der Kinder immer mehr zu einer Belastung werden. Die Kinder wiederum zeigen, wenn sie denn mal kommen, immer deutlicher, dass es für sie zur leidigen Pflichtaufgabe geworden ist. Nicht selten lassen sie den alten Menschen spüren, dass er eine Last ist und ihnen Zeit nimmt und dass sie nur aus Pflichtgefühl handeln oder, bestenfalls, aus Mitleid.

Belastend sind auch die Gedanken, dass ihre Gebrechen, ihre Langsamkeit und Kompliziertheit für die Jungen unangenehm, lästig und nervig sein müssen. Die Alten können es sich kaum noch zugestehen, dass es für die Jungen auch erfüllend sein kann, mit ihnen zusammen zu sein. Das alles schafft eine ganz bestimmte Grundstimmung: *»Was will ich noch da? Ich habe es besser, wenn ich gehe, und meine Kinder sowieso. Es gibt für mich kein Argument mehr zu bleiben. Etwas Besseres als zu gehen gibt es sowohl für mich wie auch für die anderen nicht mehr.«* Wer will schon im Wege stehen und erfahren, dass er überzählig ist? Gebraucht wird man schon lange nicht mehr und sonst etwas geben kann man auch nicht. Als alter Mensch will man sich nichts mehr vormachen, obwohl damit das Alter und das Leben nicht leichter zu ertragen sind, und der Entschluss zu gehen damit umso klarer.

Am schwierigsten aber wird es für die alten Menschen, wenn sie sehen und spüren, mit welcher Liebe und Freude die Nächsten sie besuchen kommen und sie sich dennoch selbst innerlich leer und müde fühlen. Dann können sie diese Liebe und Zuwendung kaum ertragen und auch nicht erwidern, und wenn sie sich zu überwinden versuchen, kommen sie sich falsch vor. Das ertragen sie noch weniger.

Weitere Ursachen, die den alten Menschen das Leben erschweren bis dahin, an ihm ganz überdrüssig zu werden, können finanzielle Gründe sein: dass das gesparte Vermögen immer kleiner wird und dass es neben der eingeschränkten Mobilität auch materiell immer enger wird. Auch der Wechsel an einen neuen und fremden Ort mit neuen Menschen ist für viele zu viel und ein Grund, es nicht bis dahin kommen zu lassen.

Menschen gehen unterschiedlich gut mit solchen Belastungen um. Manche können kaum mehr schlafen, bekommen die verschiedensten körperlichen Schmerzen, müssen sich immerzu mit ihren Ängsten und Befürchtungen beschäftigen. Andere haben Schuldgefühle, machen sich Vorwürfe oder haben einfach nur Angst vor dem, was kommt, und ihm passiv ausgeliefert zu sein. Sie müssen es aushalten, Flucht ist keine Option mehr, aber verdrängen und unterdrücken lassen sich diese Ohnmachtsgefühle auch nicht. Ausgeliefert zu sein all dem, was von innen und außen auf sie zukommt, ist schwierig auszuhalten und überfordert die meisten. Es gibt verschiedene Wege, wie alte Menschen mit ihrem beschwerlichen Leben zurechtkommen und die für sie naheliegender sind als ein Suizid:

- Der tägliche Lebens- und Überlebenskampf füllt aus und lässt keine Gedanken an ein Verändern zu.

- Sich abfinden mit der Situation.
- Das Beste aus der Situation machen.
- Leben und Rückzug in die Vergangenheit.
- Sich innerlich zurückziehen und gegen außen abschotten.
- Beten, ins Zwiegespräch mit Gott gehen.
- Sich ablenken mit schlafen und vergessen, mit lesen und fernsehen.
- Hoffen auf ein baldiges Ende.

Dazu gehört auch, zu resignieren und zu warten, zu warten und nochmals zu warten, bis sie sterben können. Für die wenigsten Menschen ist der Suizid die Lösung.

Das höchste Gut im Alter ist sicherlich die Gesundheit. Ohne Gesundheit geht nichts. Es sollte alles getan werden, um diese Gesundheit so lange wie möglich aufrecht zu halten. Erst die Gesundheit ermöglicht ein gewisses Maß an Freiheit, sein Leben so zu gestalten, wie es für den Einzelnen stimmig ist. Zur Gesundheit gehört die physische wie auch die psychische Gesundheit. Zu ihr gehört ebenso, das Älterwerden anzunehmen und somit auch die zunehmende Gebrechlichkeit. Zufrieden kann dann nur sein, wer zur eingeschränkten Gesundheit auch Ja sagen kann. Gesundheit und Akzeptanz der noch zur Verfügung stehenden Möglichkeiten erlauben es den Menschen, ihr Alter mit Leben zu füllen. Ohne Gesundheit ist die Würde des Menschen oft mehr Bürde als Würde.

Wer nur sieht, was in seinem Leben nicht mehr geht, und wer immer nur sieht, was früher möglich war, kann kein zufriedenes und erfülltes Leben haben. Wer nur sieht, was andere noch können und ihnen noch offen steht, der lebt nicht wirklich. Es darf kein Warten auf etwas Besseres geben. Was jetzt nicht gelebt wird, wird man nie mehr leben. Ob es dem Menschen gelingt, so im Jetzt zu leben und aus der gegenwärtigen Situation das Beste zu machen, hat nicht mit der Gesundheit selbst zu tun, sondern mit der Art, wie er mit seinem körperlichen Zustand und dem Nachlassen der Kräfte umgeht und wie es ihm gelingt, diese beschwerlichen Umstände zu akzeptieren. Und das wiederum entscheidet darüber, ob und wie er sein Leben beenden will. Nachlassende Kräfte und abnehmende Gesundheit sind in den seltensten Fällen alleiniger Grund, wenn jemand nicht mehr leben will. Eine größere Rolle spielt meistens die täglich erlebte Hilflosigkeit und Unfreiheit und die damit verbundene Scham und Erniedrigung.

Eigenständigkeit, Selbstbestimmung und Selbstverantwortung haben ganz wesentlich mit Würde und Selbstachtung zu tun. Um die Würde nicht zu verlieren, haben Betagte immer schon Wege gesucht, freiwillig aus dem Leben zu gehen. Es gibt viele stille und unbemerkte Suizide, so dass man von einer hohen Dunkelziffer ausgehen kann: das Essen verweigern, lebensnotwendige Medikamente nicht mehr nehmen oder zu viel davon oder bewusst ungesund und gefährlich leben und so die Gesundheit und das Leben aufs Spiel setzen.

Die abnehmende Kraft, die das Leben für die alten Menschen immer mühsamer und beschwerlicher macht, sodass sie jede kleinste Bewegung unendlich viel kostet, trägt maßgeblich zu einer Überforderung bei. Wenn alles so beschwerlich wird, man ständig müde und abgeschlagen ist und damit auch die körperlichen Schmerzen doppelt spürbar und belastend werden, gibt es nicht mehr viel Raum für Glück und Zufriedenheit. Da wird auch das Annehmen dieses Zustandes zur übergroßen Aufgabe. Es ist nicht verwunderlich, wenn dann viele von ihnen sagen: *»So mag ich nicht mehr, so macht das Leben keinen Sinn mehr, nur warten, bis es wieder Abend wird, das kann es auch nicht sein.«* Einige wenige gehen dann den Weg in den freiwilligen Tod. Sie machen ernst mit dem *»Ich will nicht mehr«*. Den meisten aber fehlen dazu die Kraft und die damit verbundene Entschlossenheit. Sie sind und bleiben deshalb gefangen in einem Leben, das sie so nicht wollen und das viele von ihnen nicht mehr als lebenswert erleben. Da bleibt nur das Warten auf den Tod. Es sind die fehlende Kraft und die Müdigkeit, die sie im Leben zurückhalten und ihnen auch verunmöglicht, sich aufzulehnen und zu verzweifeln. *»Ich habe den richtigen Zeitpunkt für den Abgang verpasst«*, sagte mir einmal ein älterer Mann. *»Jetzt muss ich halt ausharren und warten. Können Sie sich vorstellen, was für ein Leben das für mich ist?«* Hier geht es nur noch darum, über die Runden zu kommen. Ein solches Leben wird von den wenigsten als würdevoll erfahren. Das Leben aushalten müssen, weil man nicht anders kann, verstärkt die Unzufriedenheit und ist ein idealer Nährboden für die Verbitterung.

Es ist also falsch, dass der Suizid alter Menschen fast ausschließlich in den Zusammenhang mit einer Depression gestellt wird. Auch im Alter wird viel zu viel der Depression zugeschrieben, wie ich es schon an anderer Stelle in diesem Buch immer wieder betont habe.

Angst, Trostlosigkeit und keine Freude zu haben heißt also noch lange nicht, dass es sich um eine Altersdepression handelt, sondern stellen eigentlich eine völlig nachvollziehbare Reaktion auf die vorhandenen schwierigen Lebensbedingungen dar. Müde zu sein und immer weniger Kraft zu haben, um weiterleben zu wollen, ist ein natürlicher und in sich stimmiger Prozess. Sieht man negative Gedanken und Stimmungen aber nur als Ausdruck einer Depression, dann wären sie bloß die Symptome dieser Krankheit und keine Folgen eigenständigen Denkens. Damit aber wird der alte Mensch mit seinen Ängsten, Befürchtungen zu einem kranken Menschen gemacht. Und als alter kranker Mensch ist er dann nicht mehr eigenverantwortlich, nicht mehr zurechnungsfähig, nicht mehr er selber und damit auch nicht in der Lage, selbst richtig entscheiden zu können. Und wenn er dann nicht mehr leben will, ist es nicht mehr er, der nicht mehr leben will, sondern sein krankhafter Zustand, der diese Gedanken bei ihm ausgelöst hat. Es ist aber, ich betone es nochmals und mit allem Nachdruck, der Mensch *selbst,* der gehen will und nicht die »Krankheit« Depression, die ihn dazu anstiftet. Der Mensch, auch der alte Mensch, ist für sein Tun verantwortlich und nicht irgendeine Krankheit. Und der alte Mensch ist sich dieser Verantwortung ja auch durchaus bewusst und sie ist ihm auch wichtig. Aus eigenem Antrieb zu gehen, aus einem persönlichen Wollen heraus. Es gibt nichts ihnen Fremdes, das sie antreibt oder zum Gehen zwingt. *Sie* wollen gehen und *sie* entscheiden sich zu gehen.

DER NACHAHMUNGSDRUCK –
HERBEIGEREDET

Wenn andere Menschen Suizid begehen, heißt das für die wenigsten, sie darin nachzuahmen. *»›Dann mache ich das auch‹ oder ›das muss ich auch machen‹«,* so argumentieren wirklich die wenigsten. Alte Menschen mögen in vielem schwerfällig sein, aber sie sind nicht dumm und auch nicht so leicht verführbar. Dass ein Suizid nachgeahmt wird, trifft viel eher bei Jugendlichen oder Kindern zu. Die Diskussion um den Suizid alter Menschen wird viel zu sehr von negativen Argumenten beherrscht und kaum je im Zusammenhang mit Selbstentscheidung und Würde gesehen.

Dass der Druck auf alte Menschen massiv zunehmen würde, wenn für sie, ohne todkrank sein zu müssen, der begleitete Suizid erlaubt würde, ist ein Hauptargument, wenn es um die Verteidigung des Verbotes des begleiteten Suizides bei älteren und nicht todkranken Menschen geht. Man hat Angst, dass eine Legalisierung alle Schleusen öffnen würde und der Schutz, den alte Menschen bis jetzt genossen haben, weiterleben zu dürfen, nicht mehr vorhanden wäre. Man suggeriert, dass sie willenlos einem massiven Druck ausgesetzt würden, Suizid zu begehen, ob sie es selbst wollen oder nicht. Und das sei etwas, was man den alten Menschen nicht zufügen dürfe. Deshalb dürfe es zu ihrem Schutz keine Legalisierung des begleiteten Suizides geben. Mit anderen Worten: Man fühlt sich aufgerufen und verpflichtet, für sie zu denken und zu handeln und setzt damit ihr Selbstbestimmungsrecht außer Kraft. Man kann in diesem Zusammenhang auch von Entmündigung sprechen, was ein bestimmtes Menschenbild verrät, nämlich vermeintlich Schwächere immer nur als Abhängige zu sehen und sie deshalb bevormunden zu wollen. Ältere Menschen haben zwar sehr viele Jahre gelebt und sind oft anfälliger, was Krankheiten betrifft. Sie sind aber nicht verführbarer als andere Menschen, auch nicht abgestumpfter und ausgelieferter. Sie wissen meist sehr wohl, was sie wollen, und merken auch, wenn für sie etwas stimmt oder nicht stimmt. Sie sind auch nicht manipulierbarer als andere. Das einfach mal zur Kenntnis zu nehmen und zu respektieren und zwar ohne »Wenn und Aber« wäre sehr hilfreich und wichtig.

Vielen alten Menschen ist der Gedanke an einen Suizid nicht so fern. So viele Tage und Stunden gibt es, an denen sie sich nichts sehnlicher als den Tod wünschen. Im Alter ist der Tod der wahrscheinlich treuste Begleiter. Kollegen sterben, im Heim und in der Umgebung wird gestorben, auch jüngere Menschen sterben, was man mit besonderer Aufmerksamkeit zur Kenntnis nimmt. Das Thema beschäftigt und sensibilisiert. Auch wenn sie es satt haben, Schmerzen zu ertragen und angebunden und abhängig zu sein, gehen die meisten von ihnen den letzten Schritt trotzdem nicht. Der Tod ist wichtig, das Leben aber noch mehr. Weil der Tod so Teil ihres Lebens ist, verliert er gleichzeitig an Bedeutung.

Den Tod freiwillig zu suchen, das spüren diese Menschen richtig, ist eine Riesenaufgabe, der sich die wenigsten gewachsen fühlen. Sie merken, dass so vieles auf sie zukäme, dass sie es lieber sein lassen. Der Suizid eignet sich nicht als schneller Problemlöser. Dazu kommt: Dem Leben ein Ende zu setzen, ist in der Regel nicht das primäre Anliegen des alten Menschen, sondern gesund, schuldenfrei alt zu werden und schmerzfrei sterben zu können in Harmonie mit den Angehörigen. Versöhnt und mit sich im Reinen gehen zu können, ist für die meisten Menschen wichtiger, als freiwillig zu sterben.

Natürlich möchten die alten Menschen es allen recht machen, möchten sie niemanden verletzen. Sie wissen sehr wohl, dass ihnen die Kraft fehlt, zu streiten oder sich vehement zu wehren. Sie wissen, dass sie dem Frieden zuliebe eher und schneller nachgeben – nicht aber, was den Tod und das Sterben angeht. Dabei geht es für sie um etwas anderes, etwas Grundsätzlicheres. Da wehren sie sich, sehen sich und dass es um sie geht und können beharrlich und stur sein. Sie sind zwar alt, aber nicht unfähig, für sich eine Entscheidung zu treffen, die dem entspricht, was *sie* wollen.

Manche von ihnen wollen wirklich nichts lieber als sterben, aber auch nicht um jeden Preis. Das Sterben ist ihnen heilig und einen Weg zu gehen, den sie nicht kennen, macht Angst. Dafür bringt er zu viel Neues mit sich, dazu fehlen ihnen die Kraft, der Mut und die Entschlossenheit. Sie sind alt geworden im Bewusstsein, den normalen und natürlichen Weg zu gehen, eine solche Erkenntnis lässt sich nicht ohne weiteres auf den Kopf stellen. Und so bleiben sie lieber bei dem, was sie das ganze Leben gedacht und gefühlt haben. Der Schritt in den Suizid ist für die meisten alten Menschen zu groß, zu unabsehbar und zu anstrengend. Ihn zu denken ist eines, ihn mit all seinem Unbekannten zu vollziehen, noch einmal etwas anderes und viel schwieriger. Für alte

Menschen mag das exakte Ausführen zwar jenseits ihrer Möglichkeiten liegen, aber daran gedacht haben sie mit Sicherheit schon öfters. Sie wissen auch, dass sie gar nicht mehr in der Lage sind, einen Suizid wirklich umzusetzen. Auch einen begleiteten Suizid würden sich die wenigsten erlauben. Denn die Hürden, die dann auf sie zukämen, wären einfach zu hoch und die persönlichen Voraussetzungen nicht gegeben, um so ein Riesenunternehmen wie das freiwillige Sterben erfolgreich ans Ende führen zu können.

Dass Angehörige bewusst Druck ausüben, indem sie sich mehr oder weniger offen und unverhohlen wünschen, dass »der oder die Alte« endlich stirbt, kommt sicher vor. Das gibt es heute, das gab es schon immer und wird es auch weiterhin geben. Und es kommt sicher auch vor, dass Angehörige Druck ausüben, ohne es so offensichtlich zu zeigen. Alte Menschen aber sind weder dumm noch dumpf. Sie spüren, was in ihrer Umgebung vorgeht und das nicht zuletzt dort, wo es ihre eigenen Befürchtungen und Ängste trifft. Auch wenn sie genau wissen, was sie wollen, belastet sie diese Situation und sie möchten oft alles tun, um den Angehörigen den Druck und die Verantwortung zu nehmen. Sie möchten nicht, dass es den Angehörigen wegen ihnen schlecht geht, diese ihretwegen leiden müssen. Gerade ihr Wissen und ihre Überzeugung, dass ein freiwilliger Suizid für sie nicht infrage kommt, macht sie so hilflos. Sie möchten den Angehörigen helfen, sie entlasten, aber der Suizid ist für die allerwenigsten eine Lösung. Auch dies macht ihr Leben zu einem lust- und freudlosen Warten, bis sie endlich gehen können.

Besteht ein gewisser, wenn auch unausgesprochener Druck vonseiten der Angehörigen, gibt es für den alten Menschen auch andere Möglichkeiten zu reagieren, bewusste und unbewusste, als mit einem Suizid. Er wird nicht mehr sagen, wie es ihm geht und sich immer mehr zurücknehmen, er kann Medikamente nehmen, um sich zu entlasten und wieder schlafen zu können, krank werden, um sich zurückziehen zu können und geschont zu werden, zu trinken anfangen, aber im positiven Sinn auch das Gespräch mit anderen Bewohnern, Kollegen und Freunden, dem Sozialarbeiter oder Geistlichen suchen.

Wichtig ist, dass die alten Menschen, die von Angehörigen unter Druck gesetzt werden, mit ihren Betreuern sprechen können, dass diese sensibilisiert sind, wenn sie nach dem Weggang des Besuches besonders deprimiert, wortkarg, belastet oder traurig sind. Wichtig ist, dass sie sie ansprechen, was nur möglich ist, wenn ein gewisses Vertrauensverhältnis aufgebaut wurde. Was wiederum bedingt, dass eine gewisse Konstanz in den Beziehungen besteht, also kein zu häufiger Personalwechsel stattgefunden hat und auch genügend Personal da ist, das sich für solche Gespräche Zeit nehmen kann. Gestresste Pflegepersonen laden nicht gerade ein zu einem vertraulichen Gespräch. Die will man nicht noch zusätzlich belasten. Also schweigt man und frisst die Angst und die Verzweiflung in sich hinein. Auf diese Weise schwächt man sich, kommt der Tod früher und die Angehörigen sind diese Belastung los.

Der selbstgewählte und freie Schritt in den Tod aber ist ein anderer. Er ist das Resultat eines langen und schwierigen Weges. Ihn wirklich gehen wollen, bedeutet etwas anderes, als einfach zu finden, es wäre eigentlich besser, zu gehen als zu bleiben. Wie viele Menschen haben sich schon gedacht, dass ihr Leben so keinen Sinn mehr macht, aber nicht im Entferntesten erwogen, sich das Leben zu nehmen. Beim bewussten Schritt dahin geht es ja zuerst darum, sich diesen Gedanken überhaupt zu erlauben. Und dazu gehört viel, vor allem auch bei älteren Menschen, die selten gelernt haben, auf sich zu hören, und denen man kaum je gesagt hat: *»Es geht um dich, du bist wichtig und es muss für dich stimmen.«* Menschen, denen Pflichterfüllung und Arbeitseinsatz als oberste Werte ein Leben lang vermittelt wurden und die danach gelebt haben, können sich schwer auf etwas Neues einstellen, zu schnell kommt es ihnen als egoistisch und rücksichtslos vor. Wann immer die Gedanken auftauchen, werden sie auf die Seite geschoben. Sie machen Angst. Man will sie nicht.

Die Schritte, die ein suizidwilliger alter Mensch genau durchdenken und auch durchleiden muss, sind vielschichtig und komplex. Einen solchen endgültigen Schritt macht er nicht einfach einer Not oder Überforderung folgend. Es ist ein Schritt, den er nicht kurzschlussartig aus einem Moment, einer Stimmung oder einer Laune heraus machen kann, auch nicht aus Trotz oder Rache. Alte Menschen sind zu besonnen und sich der Tragweite eines solchen Schrittes zu bewusst, um ihn gerade einmal so machen zu können. Sie machen ihn auch nicht, um irgendjemandem einen Gefallen zu tun und noch weniger, weil sie glauben, dass er von ihnen erwartet wird.

8

VERSTEHEN

Einen depressiven oder alten Menschen verstehen heißt zu verstehen, weshalb für ihn der freiwillige Tod ein Thema ist und wie es ihm auf diesem letzten Weg geht. Was ihm den Suizid erleichtert, ihn erschwert oder verunmöglicht, gehört ebenso dazu. Verstehen hilft auch unmittelbar, mit dem Suizid eines nahen Angehörigen anders und besser umgehen zu können. Man sieht die Verzweiflung und das Leiden, empfindet das freiwillige Sterben als Angehöriger weniger gegen sich gerichtet, auch weniger als Bestrafung oder Aggression. Verstehen trägt auch dazu bei, nicht ständig vom grausamen und nie aufhörenden »Warum« tyrannisiert zu werden: »*Warum hat er den Schritt gemacht, warum gerade jetzt? Warum hat er nichts gesagt, warum habe ich nichts gemerkt, warum war ich nicht lieber und verständnisvoller zu ihm ...?*«

Verstehen heißt zuallererst, sich zu bemühen, verstehen und nachvollziehen zu wollen – ohne zu bewerten und zu verurteilen. Wichtig ist das Bemühen, ist der Wunsch, verstehen zu wollen,

- was solche Menschen denken und fühlen, was sie beschäftigt und belastet;
- in welchen Situationen und unter welchen Umständen sie sich befinden;
- wie sie was und wie gewichten und bewerten;
- wie sie überhaupt dazu kommen, so zu denken und sich mit dem Gedanken eines Suizides zu befassen;
- wie sie sich entschließen können, einen so radikalen und in keiner Weise mehr rückgängig zu machenden Weg zu gehen;
- welchen Platz und Stellenwert die Angehörigen für den suizidalen Menschen hatten.

Die depressiven und alten Menschen ernst nehmen und verstehen bedeutet auch, die Entscheidung zum Suizid ernst zu nehmen und zu akzeptieren. *»Ich nehme ihn ernst, aber in diesem Punkt geht er zu weit«* gilt dann nicht mehr.

Viele alte Menschen leben in der Überzeugung, dass sie den Schritt hin zum Suizid machen werden, wenn ihnen alles zu viel wird. Und dieses Wissen gibt ihnen paradoxerweise die Kraft und eine gewisse Gelassenheit, den Weg in den Suizid gerade nicht zu gehen und so den ultimativen Schritt aus dem Leben heraus nicht mehr machen zu müssen. Was übrigens einer der Gründe ist, weshalb letztlich so wenig alte und depressive Menschen den freiwilligen Tod wählen. Die gleiche Erfahrung macht auch die Sterbehilfsorganisation Exit. Mehr als die Hälfte der Menschen, die sich ursprünglich für eine Freitodbegleitung interessierten, beenden ihr Leben auf natürliche Weise.

ES GIBT EIN VERSTEHEN
VOR UND NACH DEM SUIZID

Ein Verstehen des suizidalen Menschen kann dazu beitragen, sich mit seinem so schwierigen und belastenden Sterben zu versöhnen. Indem man nachvollziehen kann, dass es für den Verstorbenen ein wichtiger und richtiger Schritt war. Es ermöglicht auch eher, sich eingestehen zu können, dass man nicht unglücklich darüber ist, vorher nicht zu viel gewusst zu haben. Ansonsten hätte man wahrscheinlich mit allen Mitteln versucht, ihn vom Suizid abzuhalten, und alles darangesetzt, ihn zu überzeugen, dass es ein falscher Weg ist, den er gehen will, ein Irrweg, den man um jeden Preis verhindern muss. Man hätte ihm einzureden versucht, dass er einen solchen Schritt niemals machen und ihnen, den Angehörigen, so etwas Furchtbares nie zumuten und antun darf. Vor allem hätte man nicht bemerkt, wie sich der Betroffene immer mehr zurücknimmt, verschließt und Antworten gibt, die in Wirklichkeit gar keine echten Antworten sind. Denn dies ist genau die Art von Gesprächen, die dem, der gehen will, aufzeigt, dass er nicht verstanden wird und es also richtig ist, wenn er sich nicht offenbart und diesen Weg zu Ende geht, *ohne* die ihm Nächsten einzuweihen. Für den, der gehen will, besteht schließlich keine Pflicht, die Angehörigen von seinen Absichten zu unterrichten, und die Angehörigen können auf kein Recht pochen, eingeweiht zu werden. Der Entschluss, die Angehörigen von seinen Absichten zu informieren, liegt einzig und allein beim suizidalen Menschen selbst.

Für den depressiven und ebenso für den alten Menschen

ist es wichtig, dass man ihn zu verstehen versucht, dass man sich Zeit für ihn nimmt. Es ist für ihn wichtig, dass man seinen Schritt ernst nimmt als Ausdruck seines Wollens und dass man ihn nicht abtut als krank, unüberlegt und egoistisch. Den Schritt zu gehen, gehört zu ihm und zu seinem Leben und man darf seinen Entschluss zu sterben nicht von seinem Leben abtrennen im Sinne von: *»Er war ein ehrenwerter Mann, aber das am Ende, das war nicht er, so hätte er nie gehandelt, wenn es ihm gut gegangen wäre, wenn er der Alte gewesen wäre.«* Gerade dadurch, dass man ihn jetzt nicht verachtet und weiterhin zu ihm steht, lässt man ihm seine Würde. Das zu wissen und zu erfahren, wäre für ihn wichtig gewesen, bevor er diesen Schritt gemacht hat. Aber die Art seines Sterbens, der kalte Suizid, allein und abgeschieden von den anderen, hat ihm diese Antworten vorenthalten und damit auch ein ruhigeres Gehen verunmöglicht.

Das Verstehen des suizidalen Menschen kann aufrütteln und aufzeigen, dass jemand sein Leben bis in den Tod hinein gestalten und entscheiden will: *»Mache ich noch genug aus mir und meinem Leben? Nehme ich mich und mein Leben genügend ernst und wie steht es mit meinem Sterben? Wie möchte ich sterben und was kann ich jetzt schon tun, um würdevoll sterben zu können?«* Tod und Leben sind nicht einfach gegeben. Sie rufen nach ganz persönlichen Antworten und diese wiederum ermöglichen vielleicht sogar ein zufriedeneres, sicher aber ein selbstbestimmteres Leben und ein bewussteres Sterben.

Wenn depressive und alte Menschen aus dem Leben gehen wollen, kann sie nichts von dieser Entscheidung abhalten, auch wenn Angehörige oder Therapeuten es noch so möchten. Sie geben ihre Wahl und Entscheidungsfreiheit nicht aus der Hand. Wenn sie entschieden haben, den Schritt in den Tod zu machen, lassen sie es nicht zu, dass andere auf ihre Entscheidung Einfluss nehmen können. Sie lassen es nicht zu, dass man ihren Willen sabotiert, auch wenn es noch so gut gemeint ist. Wer einen depressiven Menschen – das Gleiche gilt auch für die alten Menschen – vom Suizid abhalten will, erreicht mit Sicherheit das Gegenteil. Die Betroffenen verschließen sich und lassen auch keine Argumente mehr an sich heran. Sie möchten ernst genommen und in ihrer Absicht respektiert werden. Wer sich verpflichtet fühlt, den anderen überzeugen und von seinem Vorhaben abbringen zu müssen, kann das tun im Wissen, dass jeder Versuch beim anderen Verhärtung hervorruft und Trotz provoziert. Deshalb ist es wichtig, den alten und depressiven Menschen spüren zu lassen, dass man ihn versteht, dass man nicht übergriffig und überfordernd ist und keinen Druck aufbaut. Zeit und Raum geben sind für ihn Zeichen, dass man ihn respektiert, vielleicht sogar versteht, ihn für voll nimmt und ihn in Ruhe seinen Weg gehen lässt.

Den suizidalen Menschen verstehen wollen heißt ihn in Ruhe zu lassen und die eigenen Schwierigkeiten mit dem Suizid nicht zu seinem Problem zu machen. Der Suizid ist für alle schwierig und alle sind aufgerufen, jeder auf seine Art, sich mit ihm zu versöhnen. Verstehen wollen ist der erste Schritt dazu.

9

DER LETZTE SCHRITT

Das Verstehen des Suizids bedeutet in erster Linie verstehen, was im Menschen abläuft, wenn er den Weg aus dem Leben geht. Ganz entscheidend sind dabei die letzten Monate, Wochen und Tage vor seinem Ableben. Sie zeigen deutlich, worauf es dem Menschen bei diesem Schritt ankommt und wie viele Hürden er nehmen muss, bis er ihn tatsächlich auch gehen kann.

So viel läuft ab in seinem Kopf und seinem Herzen. Es sind Gedankengänge und Gefühlsprozesse, die unbemerkt von den anderen Menschen in ihm stattfinden. Es sind unglaublich viele Themen, die er durchdenken muss, und es sind Gefühlsgewitter und Gefühlsdramen, die sich in seinem Kopf abspielen. Alles, was ein Mensch an Gedanken und Gefühlen haben kann, findet sich bei diesen Menschen in der letzten und entscheidenden Phase des Lebens. Da wird in einer Intensität gelebt, gedacht und gefühlt, da lebt der Mensch in einer Größe und Tiefe, die beeindruckt. Kaum je ein Mensch kann genau sagen, wann und wie der Prozess, der schlussendlich zum freiwilligen Tod führt, begonnen hat. Die letzten Schritte, die sich über Monate hinziehen können, sind geprägt vom Willen, den Weg zu Ende zu gehen. Damit bekommen diese Monate eine Verbindlichkeit, die den ganzen Menschen bis ins Letzte fordert. Wenn man sich diese Phase vergegenwärtigt, erfährt man, was Menschsein alles bedeutet, wie belastend und wie großartig, wie lebendig und reich das menschliche Leben ist. Und es zeigt auf, wie schwierig dieser letzte Wegabschnitt für diese Menschen ist, auch wenn sie diese Form gewollt und freiwillig gewählt haben. Wie für den, der gegangen ist, gibt es auch für die Nächsten kein Zurück, kein Nocheinmal-zusammen-Beginnen und kein Sich-mehr-um-den-anderen-Bemühen. Die Gespräche, die nicht stattfanden, können nicht nachgeholt werden, die Gespräche, die aus dem Ruder liefen und verletzten, können nicht korrigiert werden. Es ist, wie es ist, und es ist, wie es war. Da gibt es kein Beschönigen und Sichvormachen. In dieser letzten Phase geht es ums nackte Leben und das erlaubt kein Schummeln und Dinge-vor-sich-Herschieben. Es ist die Stunde der Wahrheit, der absoluten Ehrlichkeit und der letzten Hingabe ans Leben.

DER TODESWUNSCH

Depressive und alte Menschen leben mit dem Thema des freiwilligen Sterbens. Sie beschäftigen sich damit und verwerfen den Gedanken immer wieder. Eigentlich ist ihnen klar, dass sie den Schritt nicht machen werden und ihn auch nicht machen wollen. Aber irgendwann einmal beginnt bei manchen ein Prozess, bei dem der Todeswunsch immer fassbarer wird. In diesem Kapitel soll es darum gehen, die Gründe zu verstehen, warum sich der Gedanke ans Gehen im Denken einnistet, bis er immer mehr Besitz ergreift und zum alles bestimmenden Thema wird. Es ist ein Prozess, der dauert, und bei dem sich verschiedene Teile aneinanderfügen, bei jedem Menschen immer wieder anders und bei alten oder älteren Menschen meist sehr viel später als bei den depressiven Menschen. All die Gedanken, mit denen sie sich auseinandersetzen müssen, teilen sie kaum je mit. Sie tragen sie in sich, obwohl damit ihre Einsamkeit und Verlorenheit sie immer mehr leiden lässt.

Die einzelnen Puzzleteile sind:

- langsame und zunehmende Ermüdung, wachsende Überforderung;
- immer weniger sich in sich selbst und in seiner Umgebung zu Hause fühlen;
- sehen, wie auch das Umfeld immer mehr ins Leiden hineingezogen wird, wie auch die anderen immer mehr belastet werden;
- sich immer schuldiger fühlen am Leiden der anderen;
- sich immer ausgelieferter, wertloser und überflüssiger vorkommen;
- sich immer erschöpfter fühlen und immer mehr spüren, dass kaum mehr Kraft da und es eine Frage der Zeit ist, bis man nicht mehr will und nicht mehr kann.

Solche Menschen spüren, dass ihnen zunehmend alles gleichgültig wird, sie sich kaum mehr zu etwas aufraffen können und immer weniger wollen, was immer es auch sei. Die Gewissheit, dass die Kraft immer wieder ausreicht, schwindet. Wollen und das Gewollte umsetzen klaffen immer mehr auseinander, die Gefühle des Ungenügens nehmen zu, und die Kraft, sich dagegen aufzulehnen, nimmt ab.

Sie spüren, dass es dem Ende entgegengeht, einem Ende, das sie so nicht wollten und immer zu vermeiden versuchten: keine Kraft mehr zu haben und auf die anderen angewiesen zu sein. Das ist für sie die absolute Katastrophe, der Supergau, das Schlimmste, was ihnen passieren kann: Sich vor allen schwach und willenlos zu zeigen, sich zu demütigen und zu erniedrigen und die Kraft nicht mehr zu haben, sich dagegen zu wehren. Den Stolz und die Würde und die Achtung zu verlieren – etwas Schlimmeres können sie sich nicht vorstellen – und dennoch zu merken, dass sie geradewegs darauf zusteuern. Das zu realisieren kann der letzte Anstoß sein, das Schicksal und damit ihr Leben noch einmal selbst in die Hände zu nehmen. Solange sie noch die Kraft zum Wollen besitzen, können sie sich zum letzten Mal etwas, so seltsam es klingt, Gutes tun. Der Suizid wird zu einer immer konkreteren Möglichkeit, diesem Leben ein Ende zu setzen.

Weitere Puzzle-Teile auf dem letzten Weg sind:

- sich innerlich immer mehr von den anderen Menschen verabschieden;
- sich einreden, dass es auch für die anderen besser sei, wenn man geht, dass man es bei ihnen sowieso verspielt habe und für sie nur eine Belastung darstelle;

- die Erinnerung trägt nicht mehr, die Gegenwart gibt nichts mehr her und die Zukunft bringt nichts mehr. So will und kann man nicht leben, so zu leben ist kein Leben.

Alles wird ihnen zu viel:

- sich aufzuraffen, Hoffnung zu haben, sich einzureden, doch immer noch geliebt und geschätzt zu werden;
- mit den Schuldgefühlen fertig zu werden, die ihnen immer mehr zu schaffen machen, auch für Dinge, die schon Jahrzehnte zurückliegen;
- sich damit abzufinden, dass ihnen alles immer mehr zusetzt;
- ein Leben zu leben, das nicht mehr stimmt und immer weniger Frei- und Bewegungsräume bietet;
- sich zu sehen als jemand, der nichts verändert und nichts schafft, außer den anderen Anstrengungen und Schmerz zu bereiten;
- müde zu sein, immer neue Antworten auf die immer wiederkehrenden Fragen finden zu müssen: »*Was soll das alles, was bringt mir so ein Leben?*«
- mit dem Aushalten der verschiedenen Gebrechen und der eigenen zunehmenden körperlichen und geistigen Schwerfälligkeit nicht mehr fertig zu werden;
- sich immer wieder neu fürs Leben zu motivieren angesichts all der Menschen, die um die alten Menschen herum dement werden oder sterben.

Wer sich das Leben nimmt, beantwortet die Frage nach dem Sinn des Lebens mit seinem Tod klar und eindeutig. Für die, die diesen Weg gehen, ist der Suizid die einzig richtige, ihre ganz persönliche und innerlich gefestigte Antwort.

WAS DAS FREIWILLIGE AUSSCHEIDEN AUS DEM LEBEN ERLEICHTERT

Die eigene Bedeutung bei den Angehörigen abzuwerten und die Beziehungen zu anderen Menschen zu relativieren, hilft dabei, sich noch mehr für den letzten Schritt zu motivieren. Genauso hilfreich ist es, sich selbst keinen Wert mehr zu geben und sich einzureden, dass die anderen einen sowieso nicht vermissen werden, dass sie gar nicht merken, wenn man nicht mehr da ist, und sie ohne einen besser leben. Es vereinfacht den Beschluss zu gehen, wenn man sich einredet, dass man den Nächsten eine Last abnimmt und ihnen damit wieder zu einem besseren Leben verhilft. Den letzten Schritt geht man leichter, wenn man den Beziehungen zu den anderen keine Chance und keine Perspektive mehr gibt, wenn man sich sagt: *»Es ist alles gelaufen, jetzt geht es nur noch bergab.«*

Wenn man die anderen abwertet und relativiert, trägt es dazu bei, ihnen Bedeutung und Gewicht zu nehmen, sodass sie im eigenen Denken eine immer geringere Rolle spielen und die Entscheidung zum Sterben nicht noch mehr erschweren können. Diese Gedanken machen sich die Suizidalen zum Teil sehr bewusst und zum Teil denken sie sie automatisch, um sich vor zu viel Schmerz zu schützen und um zu verhindern, dass sie den Schritt dann doch nicht machen. Es ist eben nicht so, dass die anderen freiwillig zurücktreten und damit an Bedeutung verlieren. Einen solchen Bedeutungsverlust muss der Suizidale selbst schaffen, sonst bleiben sie ihm im Weg und die Schuldgefühle sind dann zu groß, wenn er sich vorstellt, was er ihnen mit seinem letzten Schritt antut. Er möchte ja nicht, dass sie seinetwegen leiden müssen. Er muss den Schalter umlegen können und dabei die Kinder und Angehörigen ganz außen vor lassen, sonst schafft er es nicht, den letzten Gang zu gehen. Sich von den anderen innerlich zu lösen, sich emotional von ihnen abzugrenzen und zu distanzieren, ist eine Leistung, die nur dann möglich ist, wenn sich der alte und depressive Mensch ganz in sich und seinem Denken versenkt.

Das alles baut sich nach und nach immer mehr auf. Ganz langsam nehmen die Gedanken Form an – so nicht mehr weiterleben zu wollen und die Kraft und den Willen nicht mehr aufbringen zu können. Ganz langsam dürfen sie sich ausbreiten und bleiben, und langsam zeigt sich etwas, was sich anfühlt wie: »*Ich will gar nicht mehr, ich will mich gar nicht mehr zusammennehmen, mich nicht mehr zusammenreißen, ich will mir auch nichts mehr vormachen, es gibt für mich keine Gründe mehr zum Weiterleben.*« Diese Gedanken werden immer mehr zu wiederkehrenden und auch bewusst gesuchten Überlegungen und Vorstellungen. Ganz langsam nehmen sie Platz ein und gehören immer mehr zu einem dazu, bis sie zur Gewissheit werden: »*Ja, ich will nicht mehr.*« Und mit dieser immer weiter wachsenden Gewissheit verschwindet auch langsam die innere Unruhe und eine Sicherheit und ein innerer Frieden kehren ein und werden immer mehr zum allumfassenden Lebensgefühl: *»Ich weiß, was ich will, und ich weiß, dass es so stimmig und richtig ist. Das lasse ich mir nicht mehr nehmen.«*

Entscheidend, um den Schritt wirklich zu denken, um sich konkret mit ihm zu beschäftigen und dann auch durchzuführen, ist, dass man noch die Kraft und den Willen dazu hat und man sich auch zutraut, das, was man will, endgültig auszuführen. Reicht der Wunsch zum Sterben allein nicht mehr, weil die Kraft fehlt, das, was man so fest und klar spürt, auch umzusetzen, dann ist es zu spät dafür geworden. Alles Weitere wird dann nur noch traurig und freudlos: keine Kraft mehr zu haben zum Wollen, keine Kraft mehr, um sich zu spüren und sich aufzulehnen. Nicht mehr wollen, nicht mehr können, bedeutet aufzugeben und Verantwortung abzugeben. Ein Leben zu leben, das man nicht mehr leben will und doch leben muss, ist mehr als nur schwierig und traurig, nicht zuletzt auch deswegen, weil zutiefst spürbar wird, dass man etwas verpasst hat, was für einen wichtig und richtig gewesen wäre. Am Schluss des Lebens etwas zu verpassen, was sich nicht mehr wiederholen lässt, macht das Leben noch trostloser.

MIT SICH INS REINE KOMMEN

Viele Depressive kannten in ihrem Leben auch durchaus gute Phasen. Aber sich nie sicher zu sein, wann die schwarze Phase wiederkommt, wann diese Trostlosigkeit wieder über sie zusammenbricht, lässt sie immer mehr verzweifeln. Der ewige Wechsel, die dauernden Enttäuschungen nagen und zehren an allem, was sie als Menschen ausmacht. Den meisten von ihnen ging es nie wirklich gut. Sie wussten zwar häufig nicht, was mit ihnen los war. Nach jahrelangen Kämpfen, sich zu überwinden, mit dem immer gleichen Müssen, mit der immer gleichen Energie – irgendwann geht auch ihnen einmal die Kraft aus. Dann fehlt die Energie zum Weiter-Wollen und zum Weiter-Glauben und Hoffen. Scheinbar aus dem Nichts heraus setzt ein Denken ein, das immer mehr Gestalt annimmt, immer konkreter und eindeutiger wird und dann in eine letzte Handlung mündet. Der Suizid ist bei depressiven Menschen unterschiedlich drängend und unterschiedlich gegenwärtig. Die Gedanken an den Suizid kommen und gehen – aber irgendwann bleiben sie und setzen sich fest.

Der bewusste Schritt in den Tod ist ein großer und schwieriger Schritt. Wenn man versteht, was sich in einer solchen Lebensphase beim Depressiven alles abspielt, wenn man sieht, womit er sich beschäftigt, womit er zu kämpfen und sich auseinanderzusetzen hat, kann man verstehen, dass er einen solchen Schritt niemals unüberlegt und leichtsinnig macht. Depressive sterben auf diesem Weg innerlich tausende Male. Sie sind allein und vollziehen den Schritt trotzdem, weil er für sie richtig ist, weil sie es so wollen.

Dasselbe gilt ebenso für die alten Menschen. Sie gehen den gleichen Weg, mit den gleichen Gedanken und den gleichen Gefühlen wie die Depressiven. Wie sie fühlen auch sie sich allein und ihr Alleinsein macht ihr Leben noch trauriger und unsagbar schmerzlich. Wahrscheinlich gibt es keinen Weg, der den Menschen einsamer macht als der freiwillige Weg in den Tod, keinen Weg, der ihn mehr verzweifeln lässt und ihn gleichzeitig sicherer und überzeugter macht. Es ist *sein* Weg, sein ganz persönlicher und selbstgewählter, aber deswegen ist er nicht weniger leidvoll.

Wenn man in diese Welt eindringen kann, wird man wahrscheinlich vorsichtiger sein mit seinem Urteil über Menschen, die diesen Schritt bis zum Ende gehen. Ihn wirklich verstehen und emotional nachvollziehen wird man kaum je können, aber spüren und erahnen, was diese Menschen zu tragen haben, ist immer möglich. Für sie ist der Tod der Himmel und der Weg dahin führt durch die Hölle und doch wollen sie ihn gehen, bis zum Schluss und nicht bis zum bitteren Ende, sondern bis zu dem Punkt, an dem sie spüren: *»Jetzt stimmt es, jetzt ist es gut, jetzt kann ich loslassen und gehen.«*

Was muss der alte und depressive Mensch gedanklich lösen und klären, damit er den definitiven Schritt wirklich machen kann? Er muss sich all die Gedanken erlauben, die er bis dahin auf die Seite schob und nicht zu denken wagte. Er muss sich erlauben, so weit zu gehen und zu denken, wie er es noch nie in seinem Leben gemacht hat. Das geht anfänglich nicht ohne Schuldgefühle ab und auch nicht ohne Zweifel. Denn diese Gedanken machen Angst, sind vertraut und doch ungeheuerlich, gesucht und doch bedrohlich. Es geht um Grundsätzliches und ganz Praktisches, um Vergangenes und Zukünftiges, um das eigene Leben und das der anderen:

- sich konkrete Schritte überlegen und planen;
- mit sich ins Reine kommen und klar und eindeutig werden: »*Will ich wirklich, ist es das, was ich will, muss ich oder will ich den Schritt machen?*

  Was muss ich und will ich noch erledigen, abschließen, lösen, aussprechen, korrigieren?«;
- sich immer wieder vergewissern, weshalb man den Schritt macht und weshalb er richtig ist und stimmig;
- mit dem eigenen Leben abschließen;
- Abschied nehmen von der Welt;
- Abschied nehmen von nahen und entfernten Menschen;
- sich von allem Vertrauten trennen;
- Ja sagen zum Definitiven;
- Ja sagen zum unbekannten Kommenden;
- sich Gedanken machen, wie die Zurückgebliebenen mit diesem Schritt fertig werden, wie sie sich Vorwürfe machen werden und sich ihnen Fragen aufdrängen, auf die sie keine Antworten finden.

Wie gerne würde man den Angehörigen sagen, dass es nichts mit ihnen zu tun hat, dass man ihnen nicht wehtun will, aber trotzdem diesen Weg gehen muss. Es wäre erleichternd, wenn sie verstehen würden, dass man sich so sehr wünscht, in guter Erinnerung bleiben zu dürfen und dass man diesen Schritt nur für sich tun muss. Verstehen kann man nicht einfordern, man kann auch nicht bitten, nicht verurteilt zu werden und dass man ihren Schritt doch akzeptieren möge. Ein solches Gespräch wird nie zustande kommen, weil man seinen Weg allein gehen muss und dabei nicht auf- und abgehalten werden will.

Ein solcher endgültiger Schritt braucht viel Zeit und Überlegung. Kopf und Herz müssen übereinstimmen und das über längere Zeit.

Es ist auch kein Schritt, den alte Menschen mal so aus Trotz oder aus einem Rachegedanken heraus gehen. Und dem depressiven Menschen fällt er umso schwerer, weil er vielfach nicht weiß, was er wirklich will, und weil er Angst hat, einen Fehler zu machen.

In der allerletzten Phase vor dem Suizid nimmt das Interesse an den Mitmenschen und am Leben immer mehr ab, die Menschen ziehen sich immer mehr zurück und nehmen sich immer mehr Zeit und Raum für sich selbst. Die Distanz zu den Mitmenschen wird größer, von dort Hilfe zu erwarten wird ihnen unwichtiger und damit wird ihre Einsamkeit noch größer. Sie schirmen sich immer mehr ab und schützen sich durch Rückzug und Schweigen. Sie leben scheinbar weiter ihr Leben in der vertrauten Welt und sind doch schon weit weg. Es ist, als hätte sich nichts verändert und doch ist alles anders.

Es ist kein Netz mehr da, das sie hält, oder anders gesagt, sie wollen das Netz, das da wäre, nicht mehr für sich beanspruchen. Man könnte einwenden, dass man ihnen gerade deshalb helfen muss, weil sie das Netz nicht sehen können. Ich bin überzeugt, dass sie es sehr wohl sehen können, aber nicht davon Gebrauch machen wollen. Das hat ganz wesentlich mit den depressiven Mustern zu tun. Depressive Menschen sind es gewohnt, alles selber zu machen und die anderen ja nicht zu belasten. Lieber sich selbst überfordern und schaden, als den anderen zur Last zu fallen. Das ist etwas, das sie mit den alten Menschen teilen, die nicht mehr leben wollen. Das ist einer der Gründe, weshalb depressive und betagte Menschen in einen Zustand der Erschöpfung geraten. Wenn dieses Verhalten, es den anderen immer recht machen zu wollen, das ganze Leben bestimmend war, wird sich daran auch in den letzten Monaten oder Wochen nichts ändern. Mit sich alles ausmachen, die anderen in ihre Welt nicht hineinlassen, sich nicht von anderen beeinflussen und überreden lassen wollen, das ist eine Einstellung, die depressive und alte Menschen teilen. Sie wissen zu gut, dass sie kaum noch die Kraft hätten, sich gegen die Meinung der anderen wirklich durchzusetzen. Wenn sie es mit sich ausmachen, müssen sie auch nicht bereits in den Gesprächen die verletzen, die ihnen lieb und teuer sind. Sie können ihren Weg zu Ende gehen, ohne sich rechtfertigen und entschuldigen zu müssen.

Den letzten Schritt macht der depressive und der alte Mensch, wenn ihn nichts mehr hält, nichts mehr Kraft und Zuversicht vermittelt, wenn all das, was ihm vorher wichtig war, bedeutungslos geworden ist. Er macht ihn selbst dann, wenn er sich sagen könnte, dass es vielleicht noch einmal besser wird, er noch dies oder jenes würde machen können. Er macht den Schritt, auch wenn er sich immer noch nach einem gelingenden Leben sehnt. Aber *er will nicht mehr* und es macht ihm auch nichts mehr aus, nicht mehr zu wollen. Alle noch bestehenden Möglichkeiten haben für ihn ihren Glanz und ihre Anziehung verloren. Es ist vorbei, nichts könnte ihn noch reizen und von seinem Weg abbringen. Es tut zwar weh, all die Menschen zurücklassen zu müssen, die ihn begleitet haben, und all die zu verlassen, mit denen er Schönes erlebt hat, die er liebte und von denen er geliebt wurde. Aber selbst die Erinnerung an schöne Stunden vermag keine Kraft mehr zu mobilisieren. Es war zwar schön, aber es ist vorbei und damit nicht mehr tragend oder überzeugend für ein Weiterleben. Wenn die Zukunft und die Vergangenheit ihn nicht mehr zu berühren vermögen, nichts mehr in ihm zum Schwingen bringen und keine Kraft mehr geben, ihn vom einmal eingeschlagenen Weg abzubringen, dann ist er am Ziel, dann wird ihn niemand und nichts mehr davon abbringen. Dann gibt es kein Zurück, kein Zweifeln und kein Hadern mehr. Dann ist der »point of no return« überschritten. Und damit sind die Bedingungen geschaffen für den allerletzten Schritt aus dem Leben. Das sind die Umstände, in denen oder unter denen der Gedanke an den freiwilligen Tod klar, bestimmt und deutlich wird, und damit beginnen auch die Vorbereitungen für den Vollzug. Und das alles, ohne dass sein Umfeld etwas davon merkt. All das macht er mit sich aus. Deshalb können und dürfen sich die Angehörigen auch keine Vorwürfe machen, dass sie nichts gemerkt haben. Sie *können* nichts merken, weil der, der geht, es so *will*. Er will, dass die anderen nichts merken und ihn in seinen Vorbereitungen nicht stören. Der depressive und auch der alte Mensch machen das mit sich selbst aus, nicht, weil die anderen nicht zur Verfügung stehen, sondern weil sie es so und nicht anders wollen. Auch das ist *ihre* Entscheidung. Auch die müssen wir akzeptieren, ob wir wollen oder nicht.

Nichts und niemand kann sie mehr davon abhalten, wenn sie bei der Vorbereitung des letzten Schrittes sind. Sie haben sich von allen und allem wegbewegt, werden immer weniger erreichbar und lassen sich immer weniger ansprechen und berühren. Sie führen ihr Leben weiter wie bisher, aber die Kontakte und Begegnungen finden immer seltener statt oder so, dass sie nicht mehr wirklich beteiligt sind, ohne es die anderen merken zu lassen. Sie sind wie immer, manchmal sogar ein bisschen aufgedrehter und besser drauf, worauf alle in ihrer Umgebung oft mit Freude und Genugtuung reagieren. Es geht ihnen besser, welch ein Wunder! Dabei wollen sie nur den Schein wahren, wollen gelassen erscheinen, damit man sie in Ruhe lässt. Je klarer ihnen ihr eigenes Vorgehen wird, je weiter sie mit ihren Vorbereitungen sind, desto ruhiger werden sie tatsächlich. Jetzt können sie sich Zeit lassen, jetzt haben sie es geschafft und jetzt sind sie bereit, dass sie »es« machen können. Der Gedanke an den Suizid wird zu einem eingefahrenen Geleise, das sie in diesem Stadium nicht mehr verlassen wollen. Jetzt haben sie die Kontrolle über ihr Leben und *sie* entscheiden, wann, wie und wo sie den letzten Schritt machen werden. Jetzt können sie auch wieder unbeschwert sein und sich ausgeglichen geben. Sie sind noch da und doch nicht mehr da. Sie sind in ihrer eigenen Welt und doch mitten unter den anderen, die nichts von alledem mitbekommen.

Wer entschieden hat, kann warten und muss nicht gleich handeln. Wer entschieden hat, ist ruhig, entspannt und befreit. Das macht sie unbeschwerter, sodass alle den Eindruck haben, dass es ihnen gut geht. Alle atmen auf – und dann passiert es. *»Aber doch nicht jetzt! Es ging ihm doch so gut wie schon lange nicht mehr!«*

10

DER BEGLEITETE SUIZID

Der Tod kommt für die einen schleichend, schmerzvoll, für die anderen plötzlich. Unvermittelt kann er einen Menschen aus dem Leben reißen, ohne Ankündigung und ohne Vorbereitung. Dass es Menschen gibt, die diese Zufälligkeit durchbrechen wollen, die ein Zeichen setzen wollen, indem sie selbst den Zeitpunkt und die Form des Sterbens bestimmen wollen, ist nicht verwunderlich. Alte Menschen verfügten immer schon über Wege, freiwillig aus dem Leben zu scheiden, das wäre nicht erst mit dem begleiteten Suizid der Fall. Und der gesellschaftliche Druck, der auf ihnen lastet, ist heute vielleicht stärker, aber auch nicht neu. Andererseits wird der mögliche Druck, der auf die alten Menschen zusätzlich ausgeübt würde, wenn ein assistierter Suizid erlaubt und ermöglicht würde, als entscheidendes Argument ins Feld geführt.

Das Sterben in die eigenen Hände zu nehmen, in eigener Verantwortung den Weg gehen zu wollen, hat mit Freiheit zu tun, mit Willens- und Entscheidungsfreiheit. Immer noch aber ist diese Freiheit auf eine schmerzliche Art für die depressiven und alten Menschen eingeschränkt, wie auch für die, die gehen wollen ohne sterbenskrank zu sein. Sie sind gezwungen, einen Weg zu gehen, den sie vielleicht nie nehmen würden, wenn ihnen alle Möglichkeiten offen stünden. Diese Einschränkung ist insofern bitter und, wie ich meine, sogar unmenschlich, weil sie genötigt sind, eine einsame und erniedrigende Form zu wählen, die weder zu ihrer Persönlichkeit noch zu ihrer Lebensform passt. Dabei gäbe es einen anderen Weg, nicht weniger schwierig, weil kein Sterben einfach ist, aber mit mehr Anteilen, die ein Mensch sich für den letzten Lebensakt wünscht. Es wäre ein Weg, der weniger brutal und kalt und auch für die Hinterbliebenen einfacher anzunehmen wäre.

Wenn Menschen den kalten Weg des Suizids auf ihrem letzten Wegstück im Leben gehen müssen, wirkt das wie eine Art Racheakt einer Gesellschaft, die sonst keinen anderen Weg als diesen zulässt: »*Wenn du schon gehen willst, dann wollen wir es dir auf keinen Fall einfach damit machen.*« Ich weiß, dieser Vorwurf wirkt ungeheuerlich und für manche weit hergeholt, aber ich kann mich dieses Gedankens nicht ganz erwehren. Die Menschen, die den Weg des assistierten Suizides nicht gehen dürfen, wissen mit Bestimmtheit, dass sie einen Weg gehen, der von der Gesellschaft nicht akzeptiert wird. Für den letzten Gang in diesem Leben ist das mehr als traurig. Seinen eigenen Weg zu gehen, wird von der Gesellschaft, in der sie ihr ganzes Leben verbracht haben und für die die meisten von ihnen viel geleistet haben, nicht akzeptiert, und Sterbewillige werden damit zu Randständigen oder Ausgestoßenen gemacht. Das ist keine schöne Bilanz am Ende des Lebens und das haben sie nicht verdient. Bedeutet der assistierte Suizid eine sinnvolle Alterative, sinnvoll vor allem deswegen, weil er dem alten oder depressiven Menschen seine Würde wahrt, weil er ihm das Recht, über sich selbst zu bestimmen, einräumt und damit, den Weg zu gehen, den er für sich selbst wünscht? Oder ist er ein Freifahrtschein in den Tod, wie manche meinen?

Beim assistierten Suizid, oder anders gesagt, bei der Suizidhilfe geht es darum, dem Patienten die tödliche Substanz zu vermitteln, die dieser ohne Fremdeinwirkung selber einnimmt. Bei der Handlung darf auch niemand seine Hand führen. Der Sterbewillige muss bei Bewusstsein sein und selbst das Medikament einnehmen. Es sind Ärzte, die das todbringende Medikament aushändigen oder beschaffen. Es geht hier nicht um Schmerzlinderung, sondern um das Herbeiführen des Todes. Die Tathoheit liegt beim Suizidalen, so ist es heute geregelt. In Deutschland ist Beihilfe zum Suizid nicht strafbar, sofern sie nicht geschäftsmäßig und auf Wiederholung ausgelegt ist. Ärzten drohen hingegen berufsrechtliche Konsequenzen bis hin zum Berufsverbot. In einer Mitteilung des Vorstandes der Bundesärztekammer vom 12.12.2014 heißt es dazu: »*Der 114. Deutsche Ärztetag in Kiel hat die Novelle mit überwältigender Mehrheit beschlossen. Danach ist es Ärzten verboten, Patientinnen und Patienten auf deren Verlangen zu töten. Sie dürfen keine Hilfe zur Selbsttötung leisten ... Die Mitwirkung des Arztes bei der Selbsttötung ist keine ärztliche Aufgabe.*«

Wenn Ärzte nicht helfen dürfen und es Sterbehilfeorganisationen verboten ist, Sterbebegleitung anzubieten, dann gibt es für alle Sterbewilligen nur noch den Weg ins Ausland. In der Schweiz ist es die Sterbehilfeorganisation

»Dignitas«, die auch Nicht-Schweizern Sterbebegleitung anbietet.

Die Schweizerische Akademie der medizinischen Wissenschaften (SAMW) hat im Jahr 2004 Kriterien ausgearbeitet, nach denen die Begleitung erlaubt ist, wenn das Lebensende absehbar ist, alle Alternativmöglichkeiten erörtert wurden und der Sterbewille von einem urteilsfähigen Menschen ohne äußeren Druck und dauerhaft geäußert wird. Die Prüfung dieser Punkte muss von einer dritten Person durchgeführt werden, um die Rechtmäßigkeit zu beurteilen. Die Richtlinien der SAMW wurden 2005 in die Standesordnung der Verbindung der Schweizer Ärztinnen und Ärzte, FMH, aufgenommen und sind somit verbindliches Standesrecht für FMH-Mitglieder. Da es sich beim assistierten Suizid um einen Akt der Selbsttötung und nicht um eine natürliche Todesursache handelt, muss sie in jedem Fall polizeilich erfasst werden.

Damit man ein Bild bekommt, wie ein assistierter Suizid konkret vor sich geht, einige Ausführungen, die ich dem Referat von Elke M. Baezner-Sailer, Exit, Schweiz, 2004, »Ärztlich begleiteter Suizid in der Schweiz« entnehme:

»Ein/eine Freitod-Begleiter/in nimmt mit der Person selber, aber auch mit dem sozialen Umfeld Kontakt auf, um sich über die Gründe für den Freitodwunsch, über die medizinische Situation und die Lebensverhältnisse zu informieren und vor allem eine Vertrauensbasis zu schaffen – ein Kontakt, der sich im Durchschnitt über zwei bis vier Monate hinzieht.

Exit verwendet ausschließlich die medikamentöse Methode,

ein hochdosiertes Barbiturat, das nur auf ärztliches Rezept erhältlich ist. Das Mittel wird vom Apotheker ausschließlich dem Arzt, Exit oder dem Freitodbegleiter ausgehändigt, nie dem Mitglied direkt, und auch nie ›auf Vorrat‹, um jeden Missbrauch zu verhindern. Der Kranke bestimmt den Todestag, ein Datum, das jederzeit verschoben oder auch annulliert werden kann.

Neben dem Freitodbegleiter ist immer mindestens eine zweite Person als Zeuge dabei: Das kann ein weiterer Freitodbegleiter sein oder gern auch ein Familienmitglied oder Freund oder der behandelnde Arzt.

Dieses Verfahren zeigt die Wichtigkeit eines erfahrenen Begleiters: Er steht dem Sterbenden bei, wacht über die Ausführung seiner Wünsche, schirmt ihn ab vor unvorhergesehenen Zwischenfällen und er hilft auch der Familie bei der praktischen wie emotionalen Vorbereitung sowie im Umgang mit den Behörden.«

So weit einige Bemerkungen zur konkreten Durchführung des assistierten Suizides, der in Deutschland nach dem Bundestagsbeschluss vom 6.7.2015 von Sterbehilfeorganisationen nicht mehr durchgeführt werden darf. Die Gefahr, dass jetzt sehr viele Menschen, die den assistierten Tod suchen, in die Schweiz reisen, um dort, fernab von zu Hause, sterben zu können, ist groß. Es ist bedauerlich, dass Menschen, die auf diese Weise sterben wollen, das nicht dort tun dürfen, wo sie ihr Leben gelebt haben, auch dort, wo ihre Angehörigen daheim sind und sie – sofern gewünscht – möglichst lange begleiten können.

Ich zitiere aus der *Neuen Luzerner Zeitung* vom 7.11.2015:

»*Allerdings ist ein Verbot von Sterbehilfe-Organisationen ein Eingriff in das Selbstbestimmungsrecht jedes Einzelnen – und birgt Risiken. (...) Deutschland hätte gut daran getan, profitstrebende Vereine zu verbieten, dafür staatlich geprüfte Sterbehilfe-Organisationen zuzulassen. Das Totalverbot treibt verzweifelte Menschen möglicherweise zu Formen der Selbsttötung, die weit grausamer sind als der Tod durch Einnahme eines Medikamentes.*«

An dieser Stelle möchte ich kurz auf die gesetzlichen Regelungen hinweisen, die in verschiedenen deutschsprachigen Ländern im Zusammenhang mit dem assistierten Suizid gelten. Es ist nicht einfach, den Durchblick zu bewahren. Für Suizidwillige aber ist es von entscheidender Bedeutung, die rechtliche Situation in ihrem Land zu kennen.

DEUTSCHLAND

Am 6. November 2015 hat der Bundestag das »Gesetz zur Strafbarkeit der geschäftsmäßigen Förderung der Selbsttötung« beschlossen.

Ich zitiere aus dem StGB § 217:

(1) »*Wer in der Absicht, die Selbsttötung eines anderen zu fördern, diesem hierzu geschäftsmäßig die Gelegenheit gewährt, verschafft oder vermittelt, wird mit Freiheitsstrafe bis zu drei Jahren oder mit Geldstrafe bestraft.*

(2) Als Teilnehmer bleibt straffrei, wer selbst nicht geschäftsmäßig handelt und entweder Angehöriger des in Absatz 1 genannten anderen ist oder diesem nahesteht.«

Auf eine Kurzformel gebracht:

- Die Beihilfe zur Selbsttötung ist in Deutschland nur dann straffrei, wenn das Opfer letztlich seinen Tod selber herbeigeführt hat und der Suizidhelfer nicht geschäftsmäßig handelt.
- Von einem gewerbsmäßigem Handeln spricht man, wenn dieses auf Wiederholung angelegt ist. Das betrifft Ärzte wie Sterbehilfeorganisationen.

SCHWEIZ

Aktive Sterbehilfe auf Verlangen ist in der Schweiz unabhängig von den Motiven gemäß Art. 114 des Schweizerischen Strafgesetzbuches (StGB) strafbar:

§ 114/Tötung auf Verlangen

»*Wer aus achtenswerten Beweggründen, namentlich aus Mitleid, einen Menschen auf dessen ernsthaftes und eindringliches Verlangen tötet, wird mit Freiheitsstrafe bis zu drei Jahren oder Geldstrafe bestraft.*«

Auch ist gemäß Art. 115 StGB die Beihilfe zum Suizid strafbar, wenn sie aus eigennützigen Motiven erfolgt:

§ 115/Verleitung und Beihilfe zum Selbstmord

»*Wer aus selbstsüchtigen Beweggründen jemanden zum Selbstmord verleitet oder ihm dazu Hilfe leistet, wird, wenn der Selbstmord ausgeführt oder versucht wurde, mit Freiheitsstrafe bis zu fünf Jahren oder Geldstrafe bestraft.*«

Das heißt, auf eine Kurzformel gebracht:

- Tötung auf Verlangen ist strafbar.

- Selbstsüchtige Beihilfe zum Suizid ist strafbar.
- Im Gegensatz zu sämtlichen Nachbarländern ist in der Schweiz die uneigennützige Beihilfe zum Suizid weder strafrechtlich noch standesethisch verboten.

ÖSTERREICH

§ 77 StGB, Tötung auf Verlangen
»*Wer einen anderen auf dessen ernstliches und eindringliches Verlangen tötet, ist mit Freiheitsstrafe von sechs Monaten bis zu fünf Jahren zu bestrafen.*«

§ 78 StGB, Mitwirkung am Selbstmord
»*Wer einen anderen dazu verleitet, sich selber zu töten, oder ihm dazu Hilfe leistet, ist mit Freiheitsstrafe von sechs Monaten bis zu fünf Jahren zu bestrafen.*«

Der assistierte Suizid wird in Österreich generell mit der aktiven Sterbehilfe gleichgesetzt und bestraft, obwohl gemäss § 78 nicht der Beteiligte, sondern der Getötete die Handlung, die zum Tode führte, ausführte. Die aktive Sterbehilfe, d. h. die Tötung eines Menschen, ist unabhängig von den Motiven des Täters in Österreich strafbar. (Artikel 293 und 294 StGB)

Freiwillig zu sterben, so mit sich umgehen zu müssen, um das Leben zu beenden, lässt ganz viele zurückschrecken. Für die wenigsten Menschen ist daher der Suizid der für sie richtige Abschluss ihres Lebens. Deshalb wollen und können sie auch diesen Weg nicht gehen. Es bleibt ihre Entscheidung und ihr Wille. Wenn über das freiwillige Sterben älterer Menschen gesprochen wird, wird diese Tatsache meist außer Acht gelassen.

Auch der begleitete Suizid ist für die Mehrzahl der depressiven und alten Menschen keine Lösung, weil der Suizid an sich für sie keine Option ist. Von denen, die den Suizid vollziehen wollen, würden aber viele diese Form wählen, wenn die Hürden nicht zu hoch wären. Es gibt aber auch Menschen, die allein und einsam sterben wollen. Sie sind nicht bereit, sich zu öffnen und mit anderen Menschen über ihren Todeswunsch zu sprechen, wie es für den assistierten Suizid verlangt wird. Auch für diese Menschen ist der assistierte Suizid keine Form, die in ihren Entwurf vom Lebensende passt. Ob der begleitete Weg nun erlaubt wäre oder nicht, hat keinen Einfluss auf ihre Entscheidung.

In einer Medienmitteilung von Exit[11] *heißt es: »782 Menschen haben sich im vergangenen Jahr (2015) für eine Leidensverkürzung mit Exit-Hilfe entschieden. Das waren 199 mehr als 2014. Das Durchschnittsalter der begleiteten Menschen lag bei 77,4 Jahren. Die häufigsten Grunddiagnosen waren wie in den Vorjahren Krebs im Endstadium, gefolgt von altersbedingten Mehrfacherkrankungen und chronischen Schmerzen. Freitodbegleitungen bleiben insgesamt jedoch selten. Sie betreffen etwa 1,5 Prozent der jährlich rund 65 000 Todesfälle in der Schweiz.«*

Viele Menschen, die sich für einen assistierten Suizid angemeldet haben, sterben eines natürlichen Todes, bevor es zum

---

11 Bericht in www.blue win.ch vom 01. 03. 2016.

definitiven Akt kommt. Das Wissen, dass sie diesen Weg gehen können, wenn sie wollen, bewirkt, dass sie ruhiger und gelassener werden und auch ohne äußere Einwirkung sterben können. Es gibt ihnen noch einmal Raum, sich dem Leben zuzuwenden. Sie haben ja alles geregelt, da kann nichts mehr dazwischenkommen. Gerade weil sie sich für diesen Ausweg entschieden haben, macht sie das freier und offener für das Leben.

Sollte es einmal so weit kommen, dass auch depressiven und alten Menschen die Möglichkeit zum begleiteten Suizid gegeben wird, kommt für sie nicht etwas grundsätzlich Neues hinzu. Die Gedanken ans Sterben werden deswegen für sie nicht drängender. Und auch wenn für sie das begleitete Sterben erlaubt wäre, würde der Druck zu gehen und nicht mehr leben zu müssen, wie es immer als Argument angeführt wird, dadurch nicht stärker.

Auch diese Form des Sterbens, die im Gegensatz zum kalten Suizid offen, transparent und weniger einsam ist, verlangt genau wie der individuelle und einsame Weg eine klare Entscheidung und ein konsequentes Handeln. Und doch würde die Legalisierung vieles verändern: Die Sterbewilligen könnten und dürften jetzt zumindest hypothetisch aus der Einsamkeit und Heimlichkeit heraustreten. Der Weg wäre geöffnet. Aber selbst wenn er einfacher erscheint, ist er deswegen nicht weniger schwierig. Bis zu einer ersten Kontaktaufnahme geht auch der, der den Entschluss für sich gefasst hat, den Weg allein und bleibt allein mit seinen Zweifeln und Ängsten. Beim begleiteten Suizid muss man sprechen, sich durchsetzen und überzeugen. Man kann die Entscheidung nicht mit sich allein ausmachen und sich hinter einer

Mauer des Schweigens verstecken. Man muss sich mitteilen, sich mit seinem Entschluss anderen Meinungen aussetzen, von Fachleuten kritisch befragen und hinterfragen lassen. Man muss ein genau festgelegtes Prozedere durchlaufen und sich die Erlaubnis anderer einholen. Alte wie depressive Menschen sind aber oft gewohnt, mit niemandem über ihr Innerstes zu sprechen und bei sich zu behalten, was sie denken und fühlen. Sie müssten viele innere Widerstände und Hindernisse überwinden, um sich mit ihren Absichten zu öffnen:

- Man muss sich informieren, Formulare ausfüllen und sich einem ganz bestimmten und vorgegebenen Prozedere unterwerfen. Es braucht Kraft, das alles durchzustehen und zu Ende zu führen.
- Man muss bereit sein, sich dem Urteil anderer zu stellen, und bereit sein, die Beurteilung anderer anzunehmen, und den Weg gehen, den andere vorgeben. Auch dieser Weg ist letztlich nicht selbstgewählt, auch wenn sie den Zeitpunkt des Todes jetzt selber bestimmen und jederzeit widerrufen können.
- Sich noch einmal in eine Abhängigkeit zu begeben, ist weder für die depressiven noch für die alten Menschen einfach. Und doch müssen sie sich unterordnen, wenn sie an ihr Ziel gelangen wollen, um Gutachten bitten und sich Gesprächen mit den verschiedensten Fachleuten stellen.
- Sie müssen sich den Fragen durch Ärzte und möglichen aufkommenden Zweifeln und Verunsicherungen stellen.
- Sie müssen zulassen, dass andere über ihren Geistes-zustand urteilen.

- Der Depressive muss sich öffnen, statt sich wie bisher zurückzuziehen, er muss sprechen, statt zu schweigen. Der alte Mensch muss sich am Ende eines langen Lebens ausfragen und beurteilen lassen, sich Autoritäten ausliefern, die dann bestimmen, ob er den Weg gehen darf oder nicht.

Es wäre wichtig, dem depressiven Menschen diese Freiheit und dieses Recht auf Selbstbestimmung des assistierten Sterbens zu gewähren, ohne Einschränkung und zusätzliche Auflagen. Die braucht er nicht, dazu ist er zu sorgfältig und zu pflichtbewusst. Er braucht keinen Vormund, der ihm sagt, was er zu tun und zu lassen hat. Er braucht keinen, der ihm seine Zurechnungsfähigkeit attestiert, und er braucht niemanden, der ihm die Erlaubnis zum Sterben gibt.

Auch alte Menschen, die nicht mehr leben wollen, sollten ungeachtet ihrer Gründe eine anerkannte und legitime Form des Sterbens wählen dürfen, um ihre Würde wahren zu können. An ihrem Willen und Denken zu zweifeln und ihre Zurechnungsfähigkeit infrage zu stellen ist in hohen Maße respektlos. Akzeptiert zu werden in ihrem letzten Willen und damit den Weg zu öffnen zu einem bejahten Sterben, sollte für alle alten Menschen, die diesen Weg gehen wollen, selbstverständlich werden. Den Menschen respektieren heißt auch, ihn in seinem Sterben respektieren. Bis jetzt ist es so, dass psychisch Kranke und Depressive den vorgegebenen Kriterien eines assistierten Suizids nicht oder kaum genügen. In den vorliegenden Formulierungen haben aber auch die alten Menschen, die nicht sterbenskrank sind, keinen Platz. Auch sie sind ausgeschlossen. Exit hat mittlerweile die Suizidhilfe auch auf betagte Menschen ausgeweitet. In den Statuten von Exit steht unter Artikel 2: *»Bei hoffnungsloser Prognose, unerträglichen Beschwerden oder unzumutbarer Behinderung sollte ein begleiteter Suizid ermöglicht werden.«*

Dazu gekommen ist nachfolgender Absatz: *»Exit engagiert sich für den Altersfreitod und setzt sich dafür ein, dass betagte Menschen einen erleichterten Zugang zum Sterbemittel haben.«*

In einem Interview mit der *Berner Zeitung* vom 02.03.2015 antwortet der Exit-Geschäftsführer Bernhard Sutter auf die Frage »Seit der Generalversammlung 2014 engagiert sich Exit für den Alterssuizid. Begleitet Ihre Organisation bald alte Menschen ohne schwere Krankheit in den Tod?«:

»Als Geschäftsführer von Exit sage ich Ihnen ganz klar: Nein. Unsere Kriterien haben sich mit der Generalversammlung nicht geändert und sind seit dreißig Jahren dieselben. Wir begleiten nur Menschen in den Tod, die eine hoffnungslose Prognose, unerträgliche Beschwerden oder eine unzumutbare Behinderung haben. Aber: Wir stellen fest, dass die Gedanken unserer Mitglieder – und die der Bevölkerung – etwas weiter gehen. Über 90 Prozent unserer Mitglieder wollen, dass wir uns für den Altersfreitod engagieren.«

»Mit dem längerfristigen Ziel, dass auch betagte Menschen, die keine unerträglichen Schmerzen haben, in den Tod begleitet werden können?«

»Rechtlich wäre das bereits heute möglich. Aber unsere Statuten sind klar: Wir können keine Menschen ohne Leiden in den Tod begleiten.«

Wir sehen, so einfach ist die Situation für alte Menschen nicht, die eine Suizidbegleitung wollen. Die Hürden wiederum, die sich psychisch kranken und depressiven Menschen, die von Exit in den Tod begleitet werden möchten, in den Weg stellen, sind so hoch, dass nur einige wenige pro Jahr den Anforderungen genügen. Ich bin überzeugt, dass die gängigen Bilder über die Depression zu einem solch restriktiven und von Misstrauen gefärbten Vorgehen führen.

Ich selbst plädiere dafür, dass von den Sterbebegleitungsorganisationen den Menschen, die wirklich sterben wollen, nicht zu viele Steine in den Weg gelegt werden, auch wenn nachvollziehbar ist, dass sie sich heute nach allen Seiten hin absichern. Aber es sollte nicht auf Kosten der Sterbewilligen gehen, die ansonsten doch den einsamen Tod wählen müssen, weil die administrativen Hürden zu hoch sind und damit auch eine Haltung zum Tragen kommt, die die Depressiven und Alten leicht als Misstrauen und Bevormundung interpretieren können. All die Auflagen, die die Sterbewilligen erfüllen müssen, sollten einzig dazu dienen, ihnen den Weg zum Suizid zu erleichtern. Es macht Sinn, wenn der begleitete Suizid klar formuliert und festgelegt ist. Aber man muss aufpassen, dass man aus Angst vor rechtlichen Konsequenzen diejenigen, die aufrecht und in Würde sterben wollen, nicht zu sehr einengt. Meiner Meinung nach genügt es, in Intervallen von einigen Monaten mit ihnen ein Gespräch zu führen, im Sinne einer letzten und bewussten Begleitung. Alles andere – und nicht zuletzt die ärztlichen Gespräche, die Begutachtungen und Diagnosestellungen – gehen zu sehr in Richtung von Bevormundung und Entmündigung, auch dann, wenn es mit den besten Absichten geschieht. Wer gehen will, soll sich nicht noch rechtfertigen und beweisen müssen. Es soll ihm mit Vertrauen und Respekt begegnet werden.

Von den Menschen, die sich gegen den Suizid wenden und nicht zulassen, dass das Begleiten eines Menschen oder Assistieren bei seinem Sterben freigegeben wird, wird häufig ins Feld geführt, dass es doch darum gehen sollte, das Leiden abzuschaffen und nicht die Leidenden. Dass es darum geht, alle ärztlichen und medikamentösen Möglichkeiten auszuschöpfen, dem Leiden einen Wert zu geben, und dass auch ein Leben in Abhängigkeit, Ohnmacht und Schwäche ein Leben in Würde sein könne. Es werden alle Argumente herangezogen, um den Einzelnen nicht einfach gehen zu lassen, wenn er das will.

Auch massive Ängste werden vielfach nicht als ausreichendes Argument für einen Suizid akzeptiert, obwohl gerade diese Menschen einen langen Weg gehen, bis sie sich ernsthaft mit der Möglichkeit des Suizides befassen. Man vergisst meist, wie viel die Menschen getan haben, diese Ängste vor dem Leben, der Zukunft, die sie ein Leben lang begleiteten, in den Griff zu bekommen: Sie haben sich informiert, mit anderen gesprochen, gingen ins Internet, haben Medikamente genommen, ließen sich beraten und behandeln, kämpften und setzten sich mit ihrer Angst auseinander. Irgendwann einmal jedoch haben auch sie keine Kraft mehr, so weiterzuleben. Keine Kraft mehr zu haben, nicht mehr zu wollen, gelten aber nicht als Argumente für ein freiwilliges Sterben.

Hier zeigt sich meiner Meinung nach auch das Versagen der Kirche, die gerade diesen Menschen, die vorzeitig aus dem Leben gehen wollen, oft keine Hilfe und kein Aufgehobensein geben kann. Hinzukommt, dass die Stimme der Kirche diese Menschen oft nicht erreicht. Sie und ihre Vertreter sind für die Menschen nicht mehr bestimmend. Die Gemeinschaft der Gläubigen trägt nicht oder existiert nicht mehr. Nicht mehr viele suchen noch in der Kirche Halt, Trost, Antworten oder Geborgenheit – und das gilt immer mehr auch für die alten oder älteren Menschen, von denen man am ehesten noch eine gewisse Bindung an die Kirche erwarten würde.

Viele der alten Menschen, die jetzt Suizid begehen oder begehen werden, würden lieber den begleiteten Weg gehen wollen. Mit ihm gibt es kein Planen und Handeln im Verborgenen, kein Den-anderen-etwas-Vormachen und So-tun-als-ob, kein Sich-schlecht-Vorkommen und Schuldgefühlehaben, weil man die anderen täuscht und enttäuscht. Auch brauchten sie keine Angst mehr zu haben, was sein wird, wenn ihr Suizid misslingt. So vieles würde wegfallen, was ihnen heutzutage Mühe macht und nicht zu ihnen passt. Der assistierte Weg wäre für sie ein gangbarer Weg, kein kalter, kein brutaler und kein unmenschlicher Tod. Aber ein einsamer bleibt er trotzdem.

Auch würden sie dann nichts Verbotenes und Unerlaubtes tun. Der Gedanke, mit dem letzten Gang etwas zu tun, was nicht rechtens ist, ist für sie schwer zu ertragen. Mit dem assistierten Suizid würde ein solcher Abschied, der einem heimlichen Davonschleichen gleichkommt, wegfallen. So die Welt zu verlassen, passt nicht zu ihnen und entspricht nicht dem, was und wie sie gelebt haben. Wenn sie diesen Weg trotzdem wählen, können wir uns vorstellen, wie viel sie dabei zu ertragen haben. Mit dem assistierten Suizid würde die Handlungshoheit bei ihnen bleiben, auch wenn sie sich vielen Vorgaben und Bedingungen beugen müssten. Die Entscheidung und die letzte ultimative Handlung aber blieben bei ihnen und die Selbstachtung ginge ihnen nicht verloren. Sie könnten ruhiger aus dem Leben gehen und müssen sich nicht heimlich und verschämt davonmachen, vor allem auch nicht allein.

»Obwohl es ihr schwerfiel, unterstützte und begleitete sie ihre Tochter auf ihrem letzten Weg: ›Wir waren die ganze Zeit bei ihr. Sie hat auch immer gesagt, halt mich fest. Und ich war dann bei ihr, habe sie umarmt. Und dann ist sie nach 30 Sekunden friedlich eingeschlafen‹, erzählt Anett Gräfe.«[12]

Mit dem begleiteten Suizid können sich die Angehörigen auf den letzten Schritt ihres Nächsten einstellen, ob sie nun bis zum Schluss dabei sind oder nicht. Mit dem begleiteten Suizid ist das Sterben ein Thema, mit dem sie sich auseinandersetzen können, und das zu einem Zeitpunkt, wo der alte oder depressive Mensch noch lebt. Sie können ihn fragen, mit ihm sprechen, ihm noch ihre Gedanken und Gefühle mitteilen, ihre Beziehung thematisieren und auch aussprechen, was ihrer Meinung nach noch gesagt werden muss. Es ist beruhigend für sie zu wissen, wie das Ganze

---

12 Dem Artikel entnommen »Wie Deutsche ihren Todeswunsch umsetzen«, 20.10.2015. www.stern.de/sterbehilfe.

abläuft, dass auch andere Menschen mit dem Betroffenen sprechen und er jederzeit die Möglichkeit hat, sein Vorhaben abzubrechen. Sie sind einbezogen und können den Weg mit dem Suizidalen gehen, in welcher Form und auf welche Distanz auch immer. Sie werden nicht überrascht. Auch sie haben die Zeit, die sie benötigen, um sich mit der neuen Situation und dem für sie Schwierigen und Bedrohlichen auseinanderzusetzen. Sie sind einbezogen in einen Teil des Sterbeprozesses. Ansonsten werden sie überrascht und überrumpelt, und es bleiben nur noch Fragen und keine Antworten.

Auch ein begleiteter Suizid nimmt den Angehörigen nicht den Schmerz, häufig auch nicht die Zweifel und Ängste, auch nicht ihr Nichtverstehen und nicht ihr Nichtannehmen-Können. Auch mit einem begleiteten Suizid bleiben sie draußen – zwar näher, aber doch draußen. Sie bleiben allein mit ihrem Schmerz und vielleicht auch mit ihrem Zorn und ihrer Wut auf den, der für sich den Weg gegangen ist, der sie zwar einbezogen, aber nicht wirklich gefragt und angehört hat.

Der Suizid ist ein schwieriges Unterfangen und bleibt es, auch wenn er begleitet und thematisiert ist. Er überfordert und quält – und doch ist es wichtig, dass er seinen Platz und seine Berechtigung hat, weil er der ultimative Ausdruck der Selbstbestimmung und der Entscheidungsfreiheit des Menschen ist. Die Form des begleiteten Suizides kann vieles abfedern und lindern, kann dem Suizid die Spitze nehmen, der Stachel des Belastenden und für viele letztlich nicht Verstehbaren aber bleibt.

EIN PERSÖNLICHES PLÄDOYER

Die Themen Tod und Sterben lassen niemanden kalt und unbeteiligt. Noch weniger ist das der Fall beim Suizid. Er berührt, wühlt auf, verunsichert und macht Angst. Er löst Gedanken und Gefühle aus, die beunruhigen und die man möglichst schnell wieder loswerden möchte. Niemand kann sich dem entziehen und über ihn, respektive über das Thema, einfach so hinweggehen.

Der Tod und das Sterben gehen alle etwas an, und zwar sehr direkt, unmittelbar und existentiell. Einige können sich auf Gedanken berufen, die sich andere gemacht haben, und andere sind gezwungen, dann, wenn sie zur Ruhe kommen wollen, für sich selbst Antworten zu finden.

Suizid, in welcher Form auch immer, hat mit etwas zu tun, das nicht mehr rückgängig gemacht werden kann und das in den meisten Fällen auch noch andere Menschen betrifft. Ich denke an die Angehörigen und Bekannten, die in etwas hineingezogen werden und sich mit etwas beschäftigen müssen, das sie nicht selbst gewählt oder für sich entschieden haben. Es geht nicht ohne Schmerz, Kränkung und Trauer ab. Und ich sehe in meiner Praxis immer wieder Angehörige, die es nicht schaffen, mit dem Tod und dieser Art des Sterbens fertig zu werden. Ich sehe, wie sie leiden und wie die Gedanken und Vorstellungen des Suizides sie bis ins Mark hinein erschüttern. Ich denke an den Menschen, der dieses Leiden verursachte und doch ein Leben lang alles tat, um gerade diese Menschen nicht zu enttäuschen. Ich empfinde es als bitter und schlimm, dass der Betroffene es nie wollte und sich doch für ein Sterben entschied, das seinen Angehörigen und Freunden eben diese Schmerzen bereitet. Darin liegt etwas Tragisches. Es gibt in diesen Momenten für diese trauernden Menschen kaum Argumente, die ihr Leiden mildern oder ihnen die Tragik auflösen könnten.

Nachdem ich einige Monate am Schreiben dieses Buches war, ist meine Frau ganz unerwartet und plötzlich an einer Hirnblutung gestorben. Es gab keine Gespräche mehr. Kein Sichfinden und Verabschieden waren mehr möglich. Jeder von uns war allein in diesem Sterben. Es gab kein »*Was ich dir noch sagen will, was du unbedingt noch wissen musst*«, keine gemeinsame Zukunft, kein Nachher und kein Später mehr. Während Monaten war es mir nicht mehr möglich zu schreiben, und ich wusste nicht, ob ich dieses Buch je würde zu Ende bringen können. Ich habe weitergeschrieben, und zwar nach einer gewissen Zeit überzeugter denn je, weil mir klar wurde, wie wichtig es ist, nicht allein sterben zu müssen, ohne Abschied nehmen zu können. Deshalb finde ich, sollte jeder die Möglichkeit haben, begleitet sterben zu können, nicht allein und im Verborgenen. Es sollte vielen Angehörigen möglich sein, letzte Worte zu sprechen und den letzten Weg gemeinsam zu gehen, und wenn es nur in Gedanken ist. Die Intimität der letzten Stunden wäre allen zu gönnen.

Jede Form des Suizides hat, wie jedes Sterben, etwas mit gehen lassen und mit loslassen zu tun. Alle Betroffenen sind aufgerufen, sich mit sich und mit dem, was ein solcher Schritt bei ihnen auslöst, zu beschäftigen. Ich merke es selber immer wieder, welch schwieriges Thema die Frage des Suizides ist. Ich bin überzeugt und verstehe, dass der

Suizid für viele ein richtiger Schritt ist – auch wenn es sich um einen kalten Suizid handelt und damit um einen äußerst schlechten. Ebenso wird es immer Menschen geben, die finden, dass der Suizid nie die Lösung sein darf und es immer alternative Lösungen gegeben hätte.

Ich bin überzeugt, dass man alles dafür tun muss, dass auch die sterbewilligen depressiven und alten Menschen sich für einen assistierten Suizid entscheiden dürfen. Der Respekt und das Vertrauen ihnen gegenüber gebieten, auch ihnen den Zugang zu dieser Sterbeform zu garantieren. Ich kann nachvollziehen, was diese Menschen auf ihrem letzten Weg beschäftigt, und kann es auch gut für sie finden, wenn sie den letzten Schritt machen. Ich kann sie verstehen und diesen Schritt respektieren und akzeptieren und ich bin doch so froh und erleichtert, wenn sie diesen Schritt nicht machen und sich fürs Bleiben entscheiden.

Aber ich muss auch immer wieder um diese Position kämpfen, gerade weil ich jedem Menschen einen anderen Weg aus seinem Leben gönnen würde und weil, in welcher Form dies auch immer geschieht, jedem Suizid doch etwas Trauriges und Einsames anhaftet. Ich finde, die Einsamkeit dieser Menschen kann nicht größer sein – für mich eine furchtbare Einsamkeit, die man so nicht zulassen dürfte. Ich bin überzeugt, dass sich jeder depressive und jeder alte Mensch letztlich einen anderen Tod wünschen würde. Sie wollen frei entscheiden, wollen ihr Lebensende selbst bestimmen und müssen eine Form wählen, die sie gar nicht wählen würden, wenn sie wirklich frei wären. Sie verdienen ein anderes Sterben, davon bin ich zutiefst überzeugt. Der begleitete Suizid käme diesem Anliegen am nächsten, obwohl ihm ebenso etwas Trauriges anhaftet. Ein Suizid bleibt ein Suizid und es bleibt in jedem Fall ein trauriger und beklemmender Akt.

Ich bin froh, dass ich mich immer wieder schwertue mit dem freiwilligen Tod. Ich möchte nicht, dass er für mich selbstverständlich wird. Das darf er nicht, dafür geht es um zu viel. Es geht immer um Menschen, die aus dem Leben scheiden, die uns und diese Welt verlassen und die nicht mehr hier sein wollen.

Vielleicht aber gebietet es auch unsere eigene Bescheidenheit und Demut, sich einzugestehen, dass man letztlich nicht über andere urteilen und über Motive richten sollte, vor allem dann nicht, wenn man sie selbst nicht verstehen und annehmen kann. Dann müsste man die Größe haben, sich für befangen zu erklären und zu schweigen.

Mit den nächsten Gedanken begebe ich mich auf ein für mich unbekanntes Terrain. Ich schreibe so, wie ich denke und fühle, denn ich bin weder Theologe noch ein ausgebildeter Bibelkenner, sondern einfach ein gläubiger Mensch, der sich über Themen unserer menschlichen Existenz seine Gedanken macht. Ich bin keiner bestimmten theologischen Auffassung verpflichtet, aber ich bin beim Thema Suizid auch als religiöser Mensch im Spiel. Deshalb also erlaube ich mir die folgenden Ausführungen.

»Ist denn das Sterben Jesu letztlich nicht auch ein Suizid?«, frage ich mich immer wieder. Er hätte doch alle Möglichkeiten gehabt, sich zu wehren und alles zu tun, um am Leben zu bleiben? Aber er hat zugelassen, dass man ihn tötete. Jesus hat sich meiner Meinung nach am Kreuz töten

lassen. Er wollte es so, er wählte diesen Weg freiwillig. Er hätte anders gekonnt. Aber er wollte diesen Tod sterben und er ist ihn auch seinem Willen entsprechend gestorben. Er wollte auf diese Weise ein Zeichen setzen, dass er für uns Menschen gestorben ist. Als größtes Zeichen seiner Liebe gab er für die Menschen sein Leben. Seine Liebe den Menschen gegenüber scheint an keine Bedingungen oder Einschränkungen gebunden zu sein. Er ist so gestorben, wie er gelebt hat. Er ist im Einklang mit seinem Leben gestorben, er hat diesen Tod gewählt, weil es die eindringlichste und eindeutigste Art war, den Menschen zu sagen: *»Auch das mache ich für euch, weil ich euch liebe.«* Wie hat er sich von dieser Welt verbschiedet? *»Es ist vollbracht«*, was für mich heißt, oder wie ich es höre und verstehe: *»Das, was ich wollte, habe ich erreicht. Ich habe getan, was ich mir vorgenommen habe, meine Mission ist vollendet, meine Aufgabe erfüllt. Jetzt kann ich gehen.«* So spricht jemand, der den Zeitpunkt seines Todes sehr bewusst gewählt hat, aber auch die Form des Sterbens erscheint mir nicht zufällig. Er ist gestorben im Beisein seiner Jünger und seiner Mutter Maria. Er mutete seiner Mutter zu, ihn so leiden und ihn so aus dem Leben gehen zu sehen. So furchtbar sein Tod war, er war *nicht allein,* vor dem Sterben nicht und auch am Kreuz nicht. Er ist so gestorben, wie er sterben wollte. Niemand konnte ihn davon abbringen. Ohne einen direkten Vergleich anstellen zu wollen, sehe ich es ähnlich bei den alten und depressiven Menschen: Sie nehmen so vieles in Kauf, sie leiden auf ihrem Weg in den Tod, aber sie wollen so sterben, sie halten daran fest bis zum bitteren Ende.

Der Tod Jesu bedeutet für mich, mit Würde aus dem

Leben zu scheiden. Er hat seinen Tod selbst gewählt, wie er gelebt hat, wie er sein Leben gesehen und verstanden hat. Nicht im Verborgenen, nicht mit einer Entschuldigung im Sinne von *»Es tut mir leid, dass ich nicht als Held gestorben bin, dass ich diese Form gewählt habe«.* Er wollte ein Zeichen setzen und das kann man nicht im Geheimen. Er wollte zu seinem Leben und Auftrag stehen und bis zum letzten Moment diese Mission verwirklichen. Er hat ein Lebensende gewählt, von dem alle abgeraten hätten. Wahrscheinlich hätten sie Worte wie »unwürdig«, »unmöglich« und »erniedrigend« gebraucht. Und er hätte geantwortet: *»Ich vollende mein Leben auf meine Weise, so, wie ich es für richtig erachte, und so, wie ich es mir schuldig bin.«*

Gott hat die Menschen nach seinem Ebenbild geschaffen, und Jesus war Gottes Sohn, wie man sagt, und dazu gehörte auch die Wahl seines Todes, die Freiheit, so zu gehen, wie er es seinem Verständnis entsprechend tun musste. Ausgerechnet er soll den Menschen das Recht auf Selbstbestimmung und Wahlfreiheit für die Todesform vorenthalten – er, der sich das Recht auf Selbstbestimmung und Selbstverantwortung gegeben hat? Er soll den freiwilligen Tod eines Menschen als aggressiven Akt gegen sich sehen und verbieten? Wenn Gott den Menschen nach seinem Ebenbild geschaffen hat, dann hat er einen Menschen geschaffen, in den er Vertrauen hat und an den er glaubt. Er hat einen Menschen geschaffen, dem er offen lässt, wie er sein Leben gestalten will, in Gutem und in Bösem, mit Freud und Leid, mit Glück und Schmerz, und dem er nicht vorschreibt, wie er es zu beenden hat. Gott will die Menschen nicht zum Gehorsam erziehen, nicht in eine Form zwängen, die für alle zu gelten hat. So glaube ich – aber wissen tue ich es so wenig wie alle anderen auch.

Würde Gott einen Menschen verstoßen, der verzweifelt ist und der verantwortungsvoll mit seinem Leben und seinem Ende umgeht? Er würde ihn *verstehen,* weil er sieht, wie sehr der betreffende Menschen um eine Entscheidung gerungen hat. Er würde ihn aufnehmen, weil er schätzt, wie sehr er sich bemüht hat, eine für ihn stimmige Entscheidung zu fällen und einen Weg zu gehen, der alles andere als leicht, für ihn aber der richtige ist. Er würde verstehen, dass ein Mensch nur auf diese Weise gehen kann, wenn er sich, das Leben und das Sterben ernst nimmt.

Für einen gläubigen Menschen ist der Weg zum Suizid sicher noch um einiges schwieriger, als er es schon für die anderen ist. Umso mehr muss man davon ausgehen, dass ein gläubiger Mensch einen solchen Schritt nur in allergrößter Verzweiflung und dann mit größter Bestimmtheit geht. Für einen gläubigen Menschen wäre der Suizid dann ein Sich-das-Leben-Nehmen und es an den zurückgeben, der es ihm geschenkt hat.

Was Gott will oder nicht will, weiß letztlich niemand, und alle Aussagen sind spekulativ, genauso spekulativ wie zum Beispiel der Gedanke, dass es nicht am Menschen liegt, über sein Leben zu bestimmen, dass es ihm von Gott gegeben wurde und es Gott wieder zu sich nehmen wird, dass es also eine Anmaßung des Menschen ist, über sein Leben zu entscheiden. Wer aber weiß denn, wie Gott wirklich denkt? Wie steht es mit der Selbstverantwortung des Menschen, die ihm von Gott gegeben wurde? Ist es eine begrenzte, eine eingeschränkte und vorgezeichnete Verantwortung? Ist Gott so kleinlich und so misstrauisch dem Menschen gegenüber? Ich glaube nicht. Gott überlässt uns das Leben. Was wir damit machen, lässt er offen, und so macht und gestaltet jeder das Leben nach seiner Vorstellung. Gott lässt Gutes und Schlechtes zu, ist kein Krämer, kein Moralapostel und keiner, der den Menschen Vorbehalte und Vorschriften macht. Gott hat den Menschen den freien Willen gegeben, ihr eigenes Leben zu gestalten, wie auch die Gestaltung der Erde, mit allem was an Konstruktivem und Destruktivem darauf möglich ist. Er legt den Menschen die Verantwortung für das Leben in ihre Hände – ohne Bedingung und ohne Einschränkung. Er vertraut den Menschen. Sein Vertrauen in die Menschen scheint mir um einiges größer zu sein als unser Vertrauen in ihn. So entnehme ich es der Bibel, obwohl die Kirchen häufig etwas anderes daraus machen, indem sie Verbote, Gebote, Einschränkungen und Bedingungen betonen und predigen.

Wenn, wie immer wieder gesagt wird, das Leben ein Geschenk Gottes ist, dann heißt das auch, dass man mit diesem Geschenk so umgehen kann, wie man selbst es will. Man soll es wertschätzen und würdigen, und das bedeutet für mich auch, das Leben zu einem guten und würdigen Abschluss bringen, Verantwortung für sein Leben bis zu seinem Ende übernehmen und es nicht an andere zu delegieren. Und ich denke, wie Menschen zu sterben haben, überlässt Gott den Menschen selbst, weil er ihnen vertraut und ihnen den freien Willen gegeben hat. Auch da legt er ihnen keine Fesseln an. Sein Geschenk ist ein großes und großzügiges Geschenk, man kann auch sagen, so weit geht seine Liebe zum Menschen.

Weil die Kirche gegen den Suizid spricht, getrauen sich viele nicht, diesen Schritt zu tun:

- Für sie ist die Kirche nach wie vor Autorität, sie weiß, was richtig ist, was man zu tun und zu lassen hat. Wer ihr nicht gehorcht, gehorcht Gott nicht, lehnt sich gegen ihn auf und versündigt sich. Kirchenwort ist Gotteswort.
- Man darf sich nicht versündigen zum Schluss des Lebens, weil man es nicht mehr rückgängig, bereuen oder verändern kann. Man stirbt in Sünde. Für den streng Gläubigen gibt es nichts Schlimmeres, als ohne Buße, Reue und Vergebung zu sterben.
- Viele haben Angst zu sündigen, weil sie Angst haben vor einem strafenden Gott, und gerade am Schluss des Lebens kommt es doch darauf an, wo man hinkommt, in den Himmel oder die Hölle.

Wenn gläubige Menschen nach diesen Grundsätzen leben und sterben, dann sterben sie in Frieden. Es ist ihr Tod, er liegt in ihrer Verantwortung und es ist an ihnen, so zu sterben, wie es ihrem Leben und ihrer Vorstellung entspricht. Wer so sterben will und sterben kann, stirbt in Würde, davon bin ich überzeugt. Was für sie Gültigkeit hat, muss aber nicht auch für andere stimmen. Hier sind Toleranz und gegenseitiger Respekt verlangt.

Viele Menschen, die sich Zeit ihres Lebens nicht als besonders gläubig gesehen haben und eine Kirche mehr von außen als von innen kannten, realisieren in der Auseinandersetzung mit ihrem eigenen Sterben, wie ungeahnt stark religiöse Prägungen auch ihr Denken beherrschen und wie sehr Gefühle der Angst und Schuld in ihnen hochkommen, wenn sie sich ganz konkret mit ihrem Tod befassen.

Der Einfluss der Kirchen mag in der heutigen Gesellschaft nicht mehr so stark sein – kaum jemand aber kommt in den letzten Tagen um die in ihm zugrundgelegten Glaubenssätze und religiösen Themen herum. Was auch damit zu tun hat, dass der Glaube am Ende vielen Menschen Halt und Sicherheit gibt. Und so können die Menschen gerade im Angesicht ihres Todes ruhiger und gelassener aus dem Leben scheiden. Ich bin überzeugt, dass auch viele von denen, die den Weg des Suizides gehen, ihn in Verbundenheit mit Gott und im Vertrauen auf ein Leben im Jenseits gehen wollen. Für mich heißt das auch, dass sie in Würde sterben.

11

DIE ANGEHÖRIGEN

Der Suizid eines Menschen betrifft und berührt immer auch andere Menschen. Sterben heißt von dieser Welt gehen und bedeutet immer auch ein Verlassen und Zurücklassen von Menschen, die ihm mehr oder weniger nahe standen, die ihn ein mehr oder weniger langes Wegstück begleitet haben. Der Suizid lässt niemanden kalt. Jeder muss sich auf seine Art mit ihm auseinandersetzen. Ein Suizid kommt für die meisten Angehörigen unvorbereitet und quer zu ihrem bisherigen Leben. Plötzlich und oft unvorhergesehen werden sie mit der Tatsache des Todes konfrontiert und gezwungen, sich mit dieser Art des Sterbens überhaupt auseinanderzusetzen – um dann einen Weg zu finden, der sie wieder in den Alltag zurückbringt. Mit den durch den Suizid eines ihnen nahestehenden Menschen ausgelösten Gefühlen fertig zu werden, ist für die meisten eine extrem schwierige Aufgabe, kommen doch Gefühle der Trauer, des Unverständnisses, der Wut und der Hilflosigkeit zusammen. In dieses Gefühlschaos Ruhe und Ordnung zu bringen und die Gedankenflut zu dämmen und zu kanalisieren, überfordert viele. Mit wem wollen oder können sie sprechen, wenn sie selbst nicht wissen, wie und was sie denken sollen, nicht wissen, wie sie im nächsten Moment fühlen? Ein Suizid überfordert und schafft für alle eine Ausnahmesituation, auf die sie nicht vorbereitet waren. Ein Thema, das besonders belastet, sind die sie bedrängenden Schuldgefühle. Sie stellen für die Zurückgebliebenen eine der größten Herausforderungen dar. Schuldgefühle und die Frage »Warum« werden zu treuen und allgegenwärtigen Begleitern. Vielfach ebenso belastend für Angehörige ist die Frage, ob und wie dieser Tod das weitere Leben ihrer Kinder beeinflusst.

Dass ein Suizid, egal auf welche Weise er vorgenommen wird, für die Angehörigen gedanklich und gefühlsmäßig zu einem würdevollen Abschied werden kann, ist nicht einfach so gegeben. Zu wissen aber, dass der Verstorbene diesen Weg gewählt und sich dafür entschieden hat, beruhigt und erlaubt zu denken: »*Er hat, was er wollte, es hat für ihn gestimmt.*« Solche Gedanken tragen nicht unwesentlich zum Versöhnen bei, obwohl gerade das beim Suizid so unendlich schwierig ist. Mehr an den Verstorbenen als an sich selbst zu denken, mehr bei ihm zu sein als bei eigenen Schuldgefühlen und den quälenden Fragen, erleichtert den Zurückgebliebenen das Verstehen und ebnet den Weg zu einem wohlwollenden und liebevollen Erinnern.

Die gesetzliche und gesellschaftliche Akzeptanz des begleiteten Suizides wäre nicht zuletzt für die Hinterbliebenen wichtig. Es wäre nicht mehr der kalte Tod, den sie zu verarbeiten hätten, sondern es ginge um ein Sterben, das seinen Platz und seine Ordnung hat und ihnen erlauben würde, offen darüber zu sprechen. Sie müssten den Tod für sich auch nicht schönreden, um ihn überhaupt annehmen zu können, wenn der Suizid ganz offiziell als legale Form des Sterbens angesehen würde. Sie könnten darüber sprechen, ohne ihn und sich ständig rechtfertigen zu müssen. Sie bräuchten sich nicht zu schämen und sich für den Verstorbenen zu entschuldigen. Der Tod wäre damit nicht weniger brutal für sie, nicht weniger traurig und unverständlich, aber es wäre eine Form des Sterbens, der nichts Verbotenes anhaftet und zu der man stehen darf. Ein solcher Tod würde es den Angehörigen erlauben zu trauern, was nicht wirklich geht, wenn der Verstorbene etwas Verwerfliches gemacht hat, für das sie glauben selbst geradestehen zu müssen. Es wäre den alten und depressiven Menschen zu gönnen, wenn sie in ihrem letzten Willen von den Angehörigen verstanden und gewürdigt würden.

Es ist für die Angehörigen wichtig und hilfreich, den letzten Schritt des Verstorbenen verstehen zu können, zu verstehen, wie er gedacht hat und mit welchen Gedanken und Gefühlen er gegangen ist. Es ist für sie erleichternd, wenn sie sich neben ihrem Schmerz und ihrer Trauer nicht noch mit Hadern und Verzweifeln herumschlagen müssen. Wenn sie den Freitod des ihnen nahestehenden Menschen nicht verstehen, müssen sie sich neben den Selbstvorwürfen, nichts gemerkt und den Verstorbenen zu wenig ernst genommen zu haben, noch zusätzlich mit der Frage quälen, weshalb er den Schritt gemacht hat: »*War es aus Verzweiflung, Enttäuschung, Groll oder Einsamkeit?*« Sie brauchen viel Zeit, um zur Ruhe zu kommen und den inneren Frieden wieder zu finden. Denn mit jeder Frage kommen statt Antworten, die beruhigen würden, neue Fragen hinzu, die wiederum neue Fragen auslösen: »*Wer war der Verstorbene, was wussten wir eigentlich voneinander? So lange haben wir miteinander gelebt oder war es doch mehr ein Nebeneinander, ohne Nähe und Interesse für den anderen? Haben wir uns etwas vorgemacht, vorgespielt? Wussten andere mehr als wir?*« Selbstvorwürfe und Selbstanklagen begleiten ständig: »*Hätten wir diesen Schritt verhindern können? Warum haben wir es nicht gemerkt? Waren wir zu sehr mit uns beschäftigt? Hat er uns vermisst, hätte er etwas anderes von uns erwartet, haben wir ihn enttäuscht und hat er deswegen den Schritt getan? Er musste glauben, dass er uns nichts bedeutet, weil wir uns sonst mehr um ihn bemüht hätten. Er zahlt den Preis für unsere Lieblosigkeit, dafür, dass uns alles und alle anderen wichtiger waren. Mit uns hat er das Leben nicht mehr ausgehalten, wir haben ihm das Leben un-erträglich gemacht. Jetzt ist es zu spät.*«

Angehörige können in den meisten Fällen nicht merken, wenn der Betroffene den Suizid ernsthaft vorbereitet. Wer dabei ist, sich zu entscheiden, freiwillig aus dem Leben zu gehen, oder wer sich schon entschieden hat und sich an die Vorbereitung des letzten Schrittes macht, will das in Ruhe und ungestört machen können. Das bedeutet, dass er noch weniger zeigt, wie es ihm geht. Um in Ruhe seine Gedanken ordnen zu können und den Entschluss, wenn er gefallen ist, nicht zu gefährden, wird er alles daran setzen, den anderen zu zeigen, wie gut es ihm geht. Je weniger er zeigt, je mehr er den Eindruck vermittelt, dass es ihm besser gehe, desto weniger schöpfen die anderen Verdacht. Aber seine Einsam-keit ist noch leidvoller, die Distanz zu den anderen noch größer – das alles, ohne dass die engsten Angehörigen etwas davon mitbekommen.

Selbstvorwürfe sind das eine, Vorwürfe an den, der Suizid begangen hat, das andere. Beide bedrängen wie Zwillinge die Angehörigen. Das Leiden der Hinterbliebenen hat viele Seiten, die gegensätzlicher nicht sein könnten. Wer freiwillig aus dem Leben scheidet, hat anfänglich viel Mitleid und gute Gedanken auf seiner Seite: *»Der Arme, dem muss es schon schlecht gegangen sein. Was hat dieser Mensch wohl gelitten und durchgemacht? Er musste sich vor uns verstecken.«* Später aber kommen bei den Angehörigen Zorn und Wut auf, weil er einfach so gegangen ist und sie allein zurück- und im Stich gelassen hat: *»Er hat es jetzt gut, er hat seine Ruhe, uns aber hat er eine riesige Hypothek hinterlassen. Er hätte doch etwas sagen können. Sich einfach so davonzumachen und uns im Elend zu lassen, das ist nicht fair, das haben wir nicht verdient.«*

Zusätzlich bleibt an den Zurückgebliebenen jetzt auch noch anderes hängen: Administration, Behördengänge, Versicherung, Finanzen, Erbschaft. Fragen der Mitmenschen. Neben all dem, was praktisch zu erledigen ist, kommen die emotionalen und gedanklichen Baustellen, die es zu bearbeiten gilt. Mit seinem eigenwilligen Schritt macht er die anderen zu Schuldigen und Opfern, die alles auszubaden und den Preis zu bezahlen haben – so zumindest empfinden es nicht wenige der Zurückgebliebenen. *»Heimlich abhauen, ohne Abschied«* hat im Empfinden der Angehörigen nichts mit Würde zu tun und ein Zusammenhang zwischen der Tat und der Person und ihrem Leben lässt sich für sie auch nicht immer ohne weiteres herstellen. Für die meisten Angehörigen hat der Suizid etwas Beschämendes an sich, etwas Erniedrigendes und Demütigendes. Für sie ist der Suizid in den meisten Fällen kein ehrbarer Abgang. Damit können die wenigsten umgehen. Dass es aber für den, der gegangen ist, sehr wohl mit Würde zu tun hat, ist für viele nicht nachvollziehbar, nicht zuletzt auch deshalb, weil Suizide häufig brutal und deshalb so unmenschlich daherkommen, egal ob der Mensch sich dabei erschießt, vor einen Zug wirft, sich erhängt, von einer Brücke stürzt oder Tabletten nimmt.

Natürlich ist es nicht falsch, sich zu fragen, was man anders oder mehr hätte tun können. Es ist auch nicht falsch, sich selbst zu hinterfragen und sich über seine Beziehung, seine Rolle und seine Gefühle dem Suizidalen gegenüber Gedanken zu machen. Verweilen, wohin es einen gedanklich und emotional führt, ist gut; loslassen und nicht irgendetwas Bestimmtes erreichen wollen oder glauben tun zu müssen, ebenso. Sich den Gefühlen und Gedanken hingeben ist hilfreich und nachhaltig und Teil des Verarbeitungsprozesses. Als besonders hilfreich aber erweist sich immer wieder *das Verstehen* des verstorbenen Menschen. Im Verstehen des Verstorbenen wird auch ein Verstehen des scheinbar Unverständlichen und Undenkbaren möglich.

Das Verstehen des suizidalen Menschen ermöglicht immer auch ein Verstehen der eigenen Person. Sich selbst besser verstehen in seiner Geschichte mit dem Verstorbenen und dem jetzigen Trauern bringt Ruhe und Besonnenheit. Sich verstehen öffnet den Weg zum anderen und erlaubt zu weinen und zu trauern. Sich mit dem Verstorbenen zu versöhnen und auch mit dem Weg, den er gegangen ist, hilft den Tod zu überwinden und ihm einen Sinn zu geben. So paradox es klingt, ein Suizid macht die Zurückgebliebenen ärmer und kann sie gleichzeitig auch reicher machen. Wer sich nur mit Vorwürfen beschäftigt, bleibt bei sich und schafft es auch viel später nicht, an den Verstorbenen heranzukommen und ihn zu erreichen. Damit ist weder dem Verstorbenen noch den Angehörigen gedient.

Mit sich und dem Verstorbenen Frieden zu finden ist ein Prozess, der lange dauert und der damit beginnen kann, dass man zu verstehen versucht, dass der Verstorbene einen Weg gegangen ist, der für ihn stimmte und der ihm Ruhe und Frieden gebracht hat. Ihm diese Ruhe zu gönnen und für sich den Frieden zu finden ist ein lohnenswertes und erreichbares Ziel.

12

DAS GESPRÄCH MIT DEM SUIZIDALEN MENSCHEN

Wann immer man etwas über Suizid liest, und das betrifft jetzt wohl auch das vorliegende Kapitel über das Gespräch mit einem suizidalen Menschen, ist ein Gedanke vorherrschend: »*Unternimm alles, um den Suizid eines Mitmenschen zu verhindern.*« Es wird dann aufgezählt, was man alles tun kann und was man auf keinen Fall unterlassen darf, um dieses Ziel zu erreichen: überwachen, mit ihm sprechen, Abmachungen treffen, ihn dazu bringen, dass er verspricht, nichts zu unternehmen, und wenn der Wunsch besonders stark ist, zu telefonieren. Man unterschreibt gemeinsam Verträge. Man unternimmt alles, um ja zu verhindern, dass der Depressive den Schritt macht. Das Ziel ist klar, und klar ist dann auch, dass man, wenn es zum Suizid kommt, nicht alles unternommen und man sich zu wenig eingesetzt hat. Man kann den Suizid verhindern, man muss eben nur alles Mögliche versuchen – das ist das Credo und die vorherrschende Meinung. Ob der suizidale Mensch, ob er nun depressiv oder alt ist, eine solche »Hilfestellung« oder deutlicher ausgedrückt, eine solche *Einmischung* will oder nicht, interessiert nicht. Man muss alles unternehmen, um den Suizid abzuwenden, ob es dem Betroffenen passt oder nicht. Man will ja nur das Beste für ihn, und es besteht kein Zweifel, was das für ihn ist. Der Depressive hat da nicht mitzureden. Ihn will man retten, für ihn macht man alles, und das mit voller Überzeugung. Und für den alten Menschen kann der Suizid sowieso kein Thema sein, der will ja eigentlich leben, nur weiß er das im Moment nicht. Er ist zu verwirrt, um zu wissen, was er in seinem Leben noch will und braucht. Deshalb muss man für ihn denken und ihn führen.

Dabei geht es doch darum, was *er* will, es geht um ihn – *er* ist der Betroffene. Aber das ist für viele in diesem Moment nicht wichtig. Es geht nur um eines: Er oder sie muss gerettet und sein oder ihr Tod verhindert werden – selbst wenn man den suizidalen Menschen gegen seinen Willen zwangsweise in eine Klinik einliefern lassen muss. Der Zweck heiligt eben die Mittel. Sein Leben ist gefährdet und gleichzeitig ist er nicht in der Lage, für sich selbst zu sorgen. Davon geht man aus, davon ist man überzeugt, weil er sonst etwas macht, was er in gesundem Zustand nie machen würde. Das genügt als Rechtfertigung. Man muss ihn vor sich selbst schützen, das ist wichtiger als alles andere, wichtiger als die Meinung oder der Entschluss des Betroffenen und wichtiger als der Respekt vor der Wahrung seiner Souveränität. Es gibt nichts Wichtigeres als das Leben und das muss man schützen. Ich bin fest davon überzeugt, dass die allermeisten Menschen, die alles versuchen, den anderen Menschen zu retten, dies mit besten Absichten tun. Es gibt nur eines, das zählt, nämlich ihn vor dem Sterben zu schützen und ihn daran zu hindern, etwas Falsches zu machen. Der Spruch

»Das Gegenteil von gut ist gut gemeint« hat schon seine Richtigkeit. Auch die Angst, nicht alles getan zu haben für den anderen, sich damit schuldig gemacht zu haben und nachher mit dieser Schuld und diesem Versagen nicht fertig zu werden, ist meist stärker als alle anderen Überlegungen.

All das, was sich beim Einzelnen an Ängsten und Sorgen abspielt, ist mehr als verständlich. Es gibt kaum etwas Schwierigeres, als den Suizid eines nahen Menschen miterleben zu müssen. Woran soll man sich halten, wer sagt einem, was richtig oder falsch ist? Und doch darf auch in einer solch schwierigen und heiklen Situation die Integrität und Souveränität des anderen nicht angetastet werden – womit sicher die meisten Menschen überfordert sind, wenn es um Leben und Tod geht. Deshalb sind Selbstvorwürfe in einem solchen Moment fehl am Platz. Hilfreicher ist sicher, wenn man versucht, sich zu verstehen und anzunehmen, dass man überfordert ist und Fehler macht.

Wie will man offen und ehrlich mit einem Suizidalen sprechen, wenn man den Suizid als Möglichkeit des Sterbens gar nicht in Betracht zieht? Wie will man auf ihn eingehen, wenn es nur ein Ziel und eine Absicht gibt, nämlich ihn vom Suizid abzubringen? Wie will man einen alten Menschen erreichen, wenn man ihm seine Zurechnungsfähigkeit abspricht oder ihm als Erleichterung Antidepressiva und Beruhigungsmittel verschreibt? Wie will man auf den Depressiven eingehen und ihn als selbstverantwortlichen Menschen sehen, wenn man ihm die Fähigkeit zum klaren Denken abspricht und ihn als einen von seinen Emotionen fehlgeleiteten Menschen sieht? Wie kann man das Beste für ihn wollen, wenn man gar nicht auf ihn hört? Wie kann man ihn ernst und für voll nehmen, wenn man nur ein Ziel hat und nur eine Verpflichtung spürt:

- Ihm klarzumachen, dass er im Begriff ist, etwas völlig Falsches und Verwerfliches zu tun;
- ihm aufzuzeigen, wie schön das Leben und wie positiv die Zukunft für ihn ist oder wieder werden kann;
- ihm zu erklären, dass es andere Möglichkeiten gibt, gut weiterzuleben;
- ihm beizubringen, dass er sich in einem Zustand befindet, wo er alles falsch sieht und sich jetzt nicht für oder gegen etwas entscheiden darf;
- ihm zu sagen, dass er seinen Gefühlen und Gedanken nicht trauen darf, dass die ihm etwas suggerieren, das so nicht stimmt, falsch und gefährlich ist.

Wenn man so an den depressiven und alten Menschen herangeht, treibt man ihn noch mehr in die Isolation. So kann er sich nicht verstanden fühlen, so kann er sich nicht öffnen und sich den Argumenten des anderen zuwenden. So bleibt der Suizidale in sich gefangen und ist gegebenenfalls noch überzeugter, den Weg, den er gehen will, als den zu sehen, der für ihn einzig in Frage kommt. Wenn man sich so bedrängt fühlt und überfahren wird, wenn man auf diese Weise erfahren muss, anders zu sein, nicht verstanden werden zu können, dann wächst der Gedanke zur festen Überzeugung, dass man hier auf dieser Welt nichts mehr zu suchen hat. Und man geht den Weg *allein* weiter.

Doch auch wenn zu diesem Thema zwischen denen, die einen Suizid planen, und den Angehörigen ein Gespräch nur selten oder gar nicht stattfindet, bedeutet das nicht, dass man nichts tun und einfach abwarten soll. Es ist wichtig, dass man Veränderungen in ihrem Verhalten anspricht und sagt, dass man spürt, dass etwas nicht stimmt. Ohne aber dabei Druck auszuüben und emotionale Erpressung, ohne zu meinen, man müsse alles zehnmal sagen, und das mit gesteigerter Intensität und Lautstärke.

Gespräche mit einem suizidalen Menschen sind dann am hilfreichsten – und nur dann kann der Suizidale sich öffnen und wirklich von sich sprechen –, wenn er sich ernst genommen fühlt, wenn er spürt, dass es *um ihn* geht und nicht um die Ängste und Probleme der anderen. Er ist nur dann bereit, über sich und seine Gedanken und Pläne zu sprechen, wenn er merkt, dass man ihn in seinem Denken ernst nimmt und seine Gedanken nicht als falsch und krank abtut. Wenn man aber mit ihm spricht in der Art von »*Ich verstehe dich schon, aber... Ich sehe schon, aber... Du hast schon recht, aber...*«, dann kann er sich nicht verstanden und angenommen fühlen. Eine Redewendung besagt: »*Man spürt die Absicht und ist verstimmt.*« So muss sich der suizidale Mensch fühlen, wenn man sich nicht offen mit ihm auseinandersetzt und ihn und seine Art zu denken und zu fühlen nicht respektiert und anerkennt. Dann kann das Gespräch noch so einfühlsam geführt werden, kann man sich noch so besorgt und verständnisvoll geben. Wenn der Betroffene merkt, dass es nicht um ihn geht, sondern nur darum, dass er sich fügt und das macht, was die anderen wollen, verschließt er sich, wird trotzig und bockig und entzieht sich dem Gespräch, zuerst innerlich und dann auch äußerlich. Man kann dem depressiven und alten Menschen nichts vormachen. Er durchschaut die Absichten und ist damit noch gefestigter in seiner Überzeugung zu gehen.

Gespräche dieser Art sind »Aber-Gespräche« und als solche pseudoehrlich und pseudoeinfühlend. Es geht ihnen gar nicht um die Person des Gegenüber, sondern nur um die eigenen Absichten und Ziele. Es sind Gespräche, die vorgeben, den anderen ernst zu nehmen und zu respektieren, wobei es doch in Wahrheit nur darum geht, den anderen von seinem Weg abzubringen. Auch wenn die besten Absichten dahinterstecken, auch wenn ein ehrliches und mitfühlendes Bemühen Triebfeder ist, bleiben sie in hohem Maße manipulativ und zeigen, dass man das eigene Denken und Fühlen wichtiger nimmt als das des Suizidalen. Für manche mag das übertrieben klingen und auch ich weiß, dass die meisten Menschen aus Sorge, Angst und Mitgefühl so reagieren und ihnen unendlich viel am anderen liegt. Und doch ist es falsch und doch kommt es nicht gut an und bewirkt oft das Gegenteil.

Es ist nicht so, dass alte und depressive Menschen nicht über den Suizid sprechen würden. Es geht aber sicher nicht, wenn sie erwarten müssen:

- dass der andere sie mit allen Mitteln davon abhalten will, dass man sie beschwört, im Namen Gottes und der Familie es nicht zu tun;
- dass die anderen anfangen, sich dafür zu entschuldigen, dass sie nicht mehr unternommen haben, sie von ihrem Entschluss abzubringen, und dass sie jetzt alles besser machen wollen;
- dass sich das Gespräch nur noch um die Angehörigen

dreht, wie arm sie dran sind, wie belastet und dass sie nie mehr glücklich werden können, wenn sie tatsächlich den Freitod wählen;

• dass Druck auf sie ausgeübt und an ihre Verantwortung den anderen gegenüber appelliert wird.

Ein Gespräch und Sichfinden kann nicht funktionieren, wenn der Suizidale nicht *selbst* gehört wird und er zu seinen eigenen Problemen auch noch die der anderen lösen oder aushalten muss. Es kommt schlecht oder gar nicht zustande, wenn er sie leiden sieht, wenn er sieht, dass er ihnen weh tut und er der Schuldige und Verursacher ist. Er weiß, dass er nur sagen müsste: *»Ich sehe es ein, ich mache es nicht, ich mache es euch zuliebe nicht. Ihr habt recht, es ist falsch von mir.«* Er wird anfänglich verunsichert sein, ob es nicht doch falsch und egoistisch ist, was er vorhat, aber anschließend wird er oft erst recht überzeugt sein, den Schritt machen zu wollen. Bei diesem letzten Schritt muss es endlich einmal nur um ihn gehen und *er will*, dass es jetzt, dieses eine Mal, genau so ist. Deshalb entzieht er sich auch bald den Gesprächen, weil es dabei immer nur um die Ängste und das Nichtverstehen der anderen geht, um *ihre* Trauer und um *ihren* Schmerz. Zeit seines Lebens hat er Rücksicht genommen. Jetzt, am Ende des Lebens, muss es einmal andersherum laufen, das ist es, was er will. Das Ende soll anders, besser werden und darüber möchte er bestimmen. Eine Frau sagte mir einmal*: »Ich habe immer gemacht, was ihr wollt. Das aber ist jetzt mein Tod, hier will ich bestimmen.«*

Natürlich ist es schwierig für die Angehörigen, natürlich haben sie Angst. Mit einer solchen Situation waren sie noch nie konfrontiert. Dass sie sich überfordert fühlen, hektisch und panisch reagieren, ist mehr als normal. Und es ist ihr Recht und ihre Verantwortung, auch auf sich zu schauen und zuzugeben, dass es ihnen schwerfällt, dass sie nicht möchten, dass der andere den definitiven Schritt macht, dass sie nur schwer damit klarkommen und ihn nicht verlieren wollen. Sie sollen sich auch für sich einsetzen dürfen. Wichtig aber ist, dass sie dabei *von sich* sprechen, dass sie deutlich machen, dass es um sie geht und dass sie Mühe haben, dass *sie* Angst haben, damit nicht fertig zu werden. Ob sie wollen oder nicht, üben sie damit auch eine Art von Druck aus, weshalb sich der Suizidale deswegen von ihnen zurückziehen oder ihnen etwas vortäuschen kann. Mit größter Wahrscheinlichkeit wird er das auch tun. Aber sie geben ihm nicht das Gefühl, immer nur in seinem Namen zu sprechen, dass nur sie wissen, was für ihn gut ist.

Damit der suizidale Mensch überhaupt zuhört und am Gespräch teilnimmt, ist es wichtig,

- dass die Angehörigen klarstellen, dass sie für sich und von sich sprechen und nicht für ihn;
- dass sie zugeben, nicht damit fertig zu werden, wenn sie es nicht versucht hätten, mit ihm zu sprechen und ihn umzustimmen;
- dass sie es sich nie verzeihen würden, wenn sie ihm nicht gesagt hätten, was für sie dieser Schritt bedeutet und wenn sie nicht versucht hätten, ihn umzustimmen;
- dass sie dazu stehen, dass sie nicht möchten, dass er den Schritt macht, dass sie betonen, dass sie den Schritt nicht

gutheißen, dass sie aber versuchen wollen, seine Situation und Absicht zu respektieren.

Wichtig dabei ist ebenso,

- dass sie zum Ausdruck bringen, dass es für sie wichtig ist, ihn zu verstehen, damit sie nachvollziehen können, weshalb er so einen für sie ungeheuerlichen Schritt macht und wie er dazu gekommen ist;
- dass es ihnen nicht darum geht, seine Gedanken zu widerlegen, sondern ihn ganz einfach *verstehen* wollen, *»weil es mir um dich geht und du mir wichtig bist«.*

Es kommt also darauf an, dem suizidalen Menschen zu vermitteln, dass sie ihn und seinen Entschluss ernst nehmen, auch wenn sie ihn nicht verstehen, auch wenn sie seine Schlüsse und Folgerungen nicht gutheißen, sie als übertrieben, zu rigoros und einseitig empfinden. Denn es geht dem depressiven und alten Menschen sehr wohl darum, verstanden zu werden. Genauso wichtig ist ihm aber auch zu spüren, dass seine Nächsten ihn in seinem Entschluss respektieren – und dass sie ihm nicht grollen. Es ist für ihn wichtig, dass er gehen kann im Wissen und mit der Sicherheit, dass sie gut von ihm sprechen werden und sich in ihrer Einstellung und ihren Gefühlen ihm gegenüber nichts verändert hat. Die Angehörigen können viel dafür tun, wenn sie unmissverständlich zum Ausdruck bringen, dass sie seine Entscheidung, wie immer sie aussieht, respektieren und zu verstehen versuchen. Ich weiß, wie schwierig es ist, zu einer solchen Einstellung zu kommen. Aber nur so ist es möglich, dem Suizidalen noch begegnen und ihn spüren zu können. Sonst trifft man auf Ablehnung, Widerstand – und das macht noch hilfloser, ausgelieferter und isolierter.

Es geht im Gespräch mit einem suizidalen Menschen nicht darum, ihm den Suizid auszureden, sondern ihm Raum zu geben,

- wo er sich verstanden fühlt und der Suizid auch bei allen Widerständen und Einwänden als eine mögliche Form des Sterbens gesehen wird;
- wo er spürt, dass es um ihn geht und er sich öffnen und über sein Sterben sprechen kann;
- wo der Suizid wohl Angst macht, aber kein Tabuthema ist;
- wo er sich nicht rechtfertigen und verteidigen muss, er sich aber auch nicht zu entschuldigen und zu schämen braucht;
- wo Suizid nicht als Zeichen von Schwäche und fehlendem Durchhaltevermögen betrachtet wird und nicht als Ausdruck von Verwirrtheit, Aggression oder Rache;
- wo er nicht Angst haben muss, dass er für seine Einstellung und für sein Vorhaben »bestraft« wird oder seine Gedanken irgendeine Zwangsmaßnahme zur Folge haben;
- wo er nicht befürchten muss, bewertet oder gar entwertet zu werden.

Nur in einem solchen Raum ist ein Gespräch mit einem Menschen, der sein Leben beenden will, möglich. Es ist möglich und das heißt, der Ausgang ist offen. Was immer der suizidale Mensch entscheidet, es ist *seine* Entscheidung und *seine* Verantwortung. Es ist sein Leben und sein Sterben und es ist seine Freiheit, darin einen guten Sinn zu sehen.

WEITERFÜHRENDE LITERATUR

Bedford-Strohm, H.: Leben dürfen – leben müssen. Argumente gegen Sterbehilfe. München: Kösel 2015.

Berger, S.: Ich habe es getan: Einblicke in nie gekannte Welten. Frankfurt am Main: R. G. Fischer 2010.

Borasio, G. D.: Selbstbestimmt sterben. München: C. H. Beck 2014.

Brand, M. (Hrsg.): Sterbehilfe oder Sterbebegleitung? Freiburg: Herder 2015.

Bronisch, T.: Der Suizid: Ursachen, Warnsignale, Prävention. München: C. H. Beck 2014.

Dietz, G.: Die letzte Freiheit. Berlin: Berlin-Verlag 2015.

Giger-Bütler, J.: »Sie haben es doch gut gemeint«. Depression und Familie. Weinheim: Beltz 2006.

Giger-Bütler, J.: »Endlich frei«. Schritte aus der Depression. Weinheim: Beltz 2007.

Jens, W.; Küng, H.: Menschenwürdig sterben. München: Piper 2010.

Jung, S.: Besser leben mit dem Tod – oder wie ich lernte, Abschied zu nehmen. Stuttgart: Klett-Cotta 2013.

Kalanithi, P.: Bevor ich gehe: Was am Ende wirklich zählt. München: Knaur 2016.

Körber, M.: Suizid. Was treibt Menschen in den Selbstmord? neobooks 2016.

Kübler-Ross, E.: Erfülltes Leben – würdiges Sterben. München: Goldmann 2013.

Otzelberger, M.: Suizid: Das Trauma der Hinterbliebenen. München: dtv 2016.

Teismann, T.: Suizidalität. (Fortschritte der Psychotherapie, Band 54) Göttingen: Hogrefe 2015.

Teismann, T.; Dorrmann, W.: Suizidgefahr? Ein Ratgeber für Betroffene und Angehörige (Fortschritte der Psychotherapie, Band 32) Göttingen: Hogrefe 2015.

Waak, A.: Der freie Tod: Eine kleine Geschichte des Suizids. Berlin: Blumenbar 2016.

www.klett-cotta.de

Sie möchten mehr über das Sachbuch-Programm von Klett-Cotta erfahren?

Noch mehr Bücher mit Leseproben, Rezensionen,
Terminen u. v. m. finden Sie auf unserer Homepage
www.klett-cotta.de/sachbuch

Erhalten Sie per E-Mail regelmäßig aktuelle
Informationen zu Ihren Interessengebieten:
www.klett-cotta.de/newsletter

Hier finden Sie einen Überblick unserer Online-
Auftritte: **www.klett-cotta.de/im-netz**

Schauen Sie vorbei!

Klett-Cotta